für Elisabeth

herzlichst

Christine Bauer-Jelinek

DIE HELLE UND DIE DUNKLE SEITE DER MACHT

Christine Bauer-Jelinek

DIE HELLE UND DIE DUNKLE SEITE DER MACHT

Wie Sie Ihre Ziele durchsetzen,
ohne Ihre Werte zu verraten

ecoWIN

Christine Bauer-Jelinek
Die helle und die dunkle Seite der Macht
Wie Sie Ihre Ziele durchsetzen, ohne Ihre Werte zu verraten
Salzburg: Ecowin Verlag GmbH, 2009
ISBN: 978-3-902404-68-8

Unsere Web-Adressen:
www.ecowin.at
www.bauer-jelinek.at

11 12 13 14 15 16 17 18 / 11 10 09

11., komplett überarbeitete Neuauflage

Alle Rechte vorbehalten
Lektorat: Arnold Klaffenböck
Cover: www.kratkys.net
Umschlagfoto von Christine Bauer-Jelinek: © Martin Vukovits
Copyright © 2009 by Ecowin Verlag GmbH, Salzburg
Gesamtherstellung: Druckerei Theiss GmbH, A-9431 St. Stefan, www.theiss.at
Gesetzt in der Schrift „Sabon"
In Österreich gedruckt

Inhaltsverzeichnis

Persönliche Bemerkungen anstelle eines Vorworts

Macht war lange Zeit ein Fremdwort für mich. Wie viele meiner Zeitgenossen war auch ich beseelt von dem Gedanken, man könne eine Welt des friedlichen Miteinanders schaffen. Menschen, die nach Macht streben, waren mir suspekt, vielmehr faszinierten mich Ideologien, die das Gute im Menschen ansprechen. Christentum, Sozialismus, Psychologie und spirituelle Bewegungen versprachen mir jeweils auf ihre Weise „das Goldene Zeitalter" – Gerechtigkeit auf Erden und machtfreie Beziehungen. So engagierte ich mich als junge Lehrerin für eine partnerschaftliche, „machtfreie" Pädagogik und in politischen Bewegungen für eine gewaltfreie Gesellschaft.

Zu meinem großen Erstaunen erlebte mich meine Umgebung jedoch keineswegs als machtlos. Es gab Menschen, die mein Verhalten als Machtstreben bezeichneten – und das, obwohl ich immer nur das Beste für alle wollte. Erst viel später – ich war mittlerweile Psychotherapeutin geworden – begann ich meine früheren Konflikte zu verstehen. Diese begegneten mir auch in der Arbeit mit meinen Klientinnen und Klienten wieder. Durch ihre unterschiedlichen Lebensentwürfe zog sich meist derselbe rote Faden, denn viele ihrer Probleme entsprangen einer nicht entwickelten Macht-Kompetenz. Wenn es den Menschen aber gelang, die Sehnsucht nach einer machtfreien Welt als Illusion zu identifizieren und ihre eigenen Machtquellen zu erschließen, verbesserten sich meist ihre Leistung wie auch ihre Lebensqualität. Bald wurde mir klar, dass in diesen Interessenkonflikten allgemeine Prinzipien wirksam sind.

Vor etwa zehn Jahren hielt ich beim „1. Wiener Journalistinnen-Kongress" einen Vortrag mit dem Titel „Inventur in der Waffenkammer". Ich sprach erstmals öffentlich über meine Beobachtungen, warum Frauen – wie übrigens auch gar nicht so wenige Männer – in Unkenntnis der tatsächlich herrschenden Spielregeln in der Wirtschaft oder in der Politik auf der Karriereleiter nicht weiterkommen und dass sie sich um den Erwerb der entsprechenden Kampftechniken kümmern sollten. Diese offene Darstellung rief großes Interesse bei den Teilnehmerinnen und den Medien hervor, was mich wiederum motivierte, an diesem Thema dranzubleiben.

Bei meinen Forschungen und Recherchen stieß ich sehr bald auf Tabus: Es gab kaum positive oder zumindest konstruktive Publikationen zum Machtthema. Die meisten Autoren/innen äußerten sich negativ und bewertend. Auch in jenen psychotherapeutischen Schulen, die einen Bezug zur Macht herstellen (von den meisten wird sie gänzlich ignoriert), lautet der gemeinsame Tenor, dass Machtstreben grundsätzlich pathologisch wäre und daher behandelt gehöre. Ebenso brachten Laissez-Faire-Pädagogik und politische Partizipationsbewegungen der 1970er Jahre Autoritäten und deren Handlungsweisen in Misskredit. Vielen Berufsgruppen wurde dadurch systematisch der Zugang zu einer theoretischen Auseinandersetzung und zu einem bewussten Umgang mit Machtfragen erschwert. Zudem lag unter all diesen Strömungen immer noch der kollektive Schock über den gigantischen Machtmissbrauch im Nationalsozialismus. Diese Grundhaltung verhinderte bei den Verliererstaaten des Zweiten Weltkriegs – Deutschland und Österreich – einen ungezwungenen Umgang mit dem Thema Macht und trug wesentlich zu seiner Verdrängung bei.

Seit Mitte der 1990er Jahre beginnt das Macht-Tabu aufzubrechen. Machtverhältnisse werden in den Medien öfter direkt beim Namen genannt, Autoren befassen sich mit Machtfragen und ihren Auswirkungen, Trainings werden angeboten, wissenschaftliche Forschung wird explizit unter diesem Titel betrieben. Dieser Trend wird durch die gesellschaftlichen Bedingungen noch beschleunigt (oder vielleicht auch ausgelöst). Die Radikalisierung des Kapitalismus geht einher mit einer Verschärfung des Wettbewerbs, einer Schwächung des Sozialstaates und damit verbunden einer abnehmenden Sicherheit für die Bürgerinnen und Bürger.

Die traditionellen Institutionen der Macht, wie politische Parteien, Kirchen und Interessenvertretungen, verlieren laufend an Bedeutung, wodurch immer mehr Entscheidungen vom Einzelnen zu treffen sind. Das Individuum gerät durch die neue Gesellschaftsordnung zunehmend unter Druck und auch immer häufiger in ein Wertedilemma: Entscheidungen, die in dieser Situation notwendig wären, kollidieren mit dem persönlichen Gewissen. Viele Menschen stehen vor der Wahl, große Nachteile in Kauf zu nehmen oder ihre Werte zu verraten. Die aktuelle Finanz- und Wirtschaftskrise verschärft den Zwang zu handeln und verstärkt die Suche nach Orientierung und nach Verhaltensweisen, die auch unter erschwerten Bedingungen Erfolge ermöglichen. Deshalb ist auch die Notwendigkeit, die Spielregeln der Macht zu durchschauen, um Ziele zu erreichen, ohne die eigenen Werte zu verraten, noch drängender geworden. Das Bedürfnis nach einem gut strukturierten Erklärungsmodell und einer Methode, die einen kompetenten, wertorientierten Umgang mit der Macht mit einem überschaubaren Zeitaufwand erlernbar macht, hat deutlich zugenommen.

Um diesem Bedürfnis entgegenzukommen, habe ich meine Beobachtungen systematisiert und eine Methodik der Macht-Kompetenz entwickelt, die in meinen Vorträgen, Seminaren und im Coaching einer Bewährungsprobe unterworfen wurden. Das vorliegende Buch ist sozusagen ein Lehrbuch der Macht-Kompetenz. Im ersten Teil werden die individuellen Erfahrungen mit der Macht beschrieben und ihre gesellschaftlichen Hintergründe aufgezeigt. Der zweite Teil ist den Mechanismen der Macht gewidmet. Definition und Fragen der Legitimation, Machtinstrumente und Schauplätze sind die zentralen Themen. Im Kapitel „Autonome Ethik" geht es um Methoden, die für den Umgang mit widersprüchlichen Werten in einer pluralistischen Gesellschaft Orientierung bieten und bei eigenen Gewissensentscheidungen helfen. Im dritten Teil folgt der Macht-Eskalations-Kontroll-Zyklus (M.E.K.), die Unterscheidung von friedlichen und kämpferischen Formen der Macht, die einen kultivierten Umgang in der Praxis ermöglicht. Nach jedem Kapitel bieten Anregungen zur Selbstreflexion Gelegenheit, die Anwendung auf das eigene Leben zu überprüfen.

Die Gültigkeit des Machtmodells wurde seit der Erstauflage des Buches sowohl in seiner theoretischen Grundstruktur als auch in seiner praktischen Anwendbarkeit vielfach bestätigt. Zitate daraus finden sich in zahlreichen Diplomarbeiten und Dissertationen, Trainerkollegen/innen verwenden es als Grundlage für ihre Seminare und Journalisten beziehen sich darauf in ihren Medienberichten. Die nun vorliegende komplette Neubearbeitung des Buches bringt einerseits eine Aktualisierung der Beispiele und andererseits die Vertiefung mancher Themen, wie beispielsweise „Männermacht und Frauenmacht", deren Parameter sich in den letzten Jahren deutlich verändert haben. Dazu kommen noch neue Kapitel über Ethik und Versöhnung, die Anwendung der cbj-Macht-Analyse und nicht zuletzt, wie man die Insignien der Macht und den richtigen Dresscode strategisch einsetzt. Die erweiterte Literaturliste sowie ein aktualisierter Serviceteil liefern Hintergrund- und Zusatzinformationen zur Vertiefung der einzelnen Themen.

Dieses Buch kann für Sie, geschätzte Leserin, geschätzter Leser, ein Kompass sein, der Orientierung im unwegsamen Gelände der Macht bietet. Für die tatsächliche Expedition wird es möglicherweise hilfreich sein, als Begleiter auch noch einen erfahrenen Coach zurate zu ziehen oder die neu erworbene Macht-Kompetenz in Seminaren zu trainieren.

Ich wünsche Ihnen spannende Erkenntnisse und viel Erfolg bei der Anwendung auf dem Weg zum bewussten Macht-Gestalter, zur bewussten Macht-Gestalterin.

Christine Bauer-Jelinek   Wien, im März 2009

Dank

An dieser Stelle möchte ich allen Menschen sehr herzlich danken, die ihre Gedanken und Gefühle mit mir geteilt und dadurch grundlegende Einsichten ermöglicht haben. Ihr Vertrauen hat mir geholfen, dieses Buch zu schreiben und Macht-Expertise zu erwerben. Ich danke meiner Familie und meinen Freunden, meinen Klientinnen und Klienten, Gesprächspartnern und Lektoren sowie meinem Verleger, die alles kritisch hinterfragt und mich stets ermutigt haben.

Teil I

Erfahrungen mit der Macht

„Der Satz
‚Der Klügere gibt nach‘
bringt die Dummen an die Macht.“

Marie von Ebner-Eschenbach

1. Kapitel

Macht und Ohnmacht

Kaum hat der Mensch den ersten Atemzug getan, begegnet er der Macht. Naturgemäß beginnt er sein Leben mit Gefühlen der Ohnmacht und der Hilflosigkeit. Eltern, Lehrerinnen und Lehrer, Freunde und Schulkollegen üben Macht aus. Selbst in einer liebevollen Umgebung erlebt ein Kind ständig, dass andere mächtiger sind, und es fühlt sich oft genug von anderen unterdrückt oder überwältigt. Solche Erfahrungen sind, abhängig von der Familiensituation, entweder verkraftbar oder traumatisch, doch in jedem Fall sind sie prägend. Die Mutter kauft dem Kind das Spielzeug nicht, der kleine Bruder nimmt ihm die Schokolade weg, die Freundin macht absichtlich die Puppe kaputt. In der Schule lässt es der Lehrer nachsitzen, der Vater bestraft die Verspätung nach dem Discobesuch und manchmal nutzen sogar gute Freunde seine Gutmütigkeit aus. In solchen Situationen fühlt man sich als junger Mensch schrecklich: Die eigene Unterlegenheit wird von Emotionen wie Wut, Verzweiflung, Hilflosigkeit, Trotz, Scham oder Trauer begleitet.

Aber Erlebnisse im Zusammenhang mit Machtausübung verlaufen nicht nur in eine Richtung. Auch Kinder setzen ihren Willen je nach Charakter und Alter mehr oder minder intensiv durch: Als Kleinkinder schreien und toben sie oder werfen sich auf den Boden. Als Jugendliche sind sie frech und provozierend oder sie argumentieren scharf und direkt. Strategien, mit denen Kinder erfolgreich ihre Ziele erreichen, werden sie auch später einzusetzen versuchen. Biografische Ereignisse prägen Überzeugungen und Verhaltensweisen bis in das Erwachsenenalter und hinterlassen jedenfalls tiefe Spuren. Manche davon bleiben bewusst in Erinnerung, andere sind so schwerwiegend und derart verletzend, dass sie verdrängt werden. Und es sind besonders die verdrängten Erlebnisse, die auf der unbewussten Ebene weiter existieren und die Einstellung zur Macht das ganze Leben lang beeinflussen. Je früher negative Erfahrungen gemacht wurden, umso tiefer sitzt das unangenehme Gefühl, das viele befällt, wenn sie Konflikte austragen und sich selbst der Macht bedienen sollen.

Ablehnung und Verdrängung

Auch bei Erwachsenen kommt es immer wieder zu unangenehmen Situationen, auch wenn man sich eigenverantwortlich und unabhängig wähnt: Man wird nach stundenlangem Warten auf dem Amt unfreundlich abgewiesen, weil ein Dokument fehlt. Ein Kollege präsentiert in der Sitzung stolz die gute Idee, von der man ihm vertrauensselig tags zuvor erzählt hat, als seine eigene. Es fallen anzügliche Bemerkungen von Arbeitskollegen und erfolgen ungerechte Zurechtweisungen von Vorgesetzten, die man nicht parieren kann.

Im Privatleben kennt man die quälenden Konflikte, die fruchtlosen Streitereien, die endlosen Diskussionen mit Partnern, Kindern, Verwandten und Freunden. Um des lieben Friedens willen gibt man nach und verzichtet auf seine ursprünglichen Absichten. Dann schwankt man zwischen moralischer Entrüstung und hilflosen Selbstvorwürfen: „Wie kommt er dazu, sich so zu verhalten?", „Warum habe ich mich schon wieder nicht durchsetzen können?", „Das passiert mir andauernd." Auf dem Amt, im

Supermarkt, am Arbeitsplatz, zu Hause – überall begegnet man den Auswirkungen der Macht. Oft gelingt es, sich durchzusetzen, aber selbst als Erwachsener ist man nicht vor Niederlagen sicher und fühlt sich danach schwach und ohnmächtig – und nicht selten auch gedemütigt.

Doch auch in der Öffentlichkeit entstehen Meinungen und Bewertungen zum Machtthema, die vor allem durch die Medien erzeugt werden. Wenn diese über Macht berichten, dann geschieht das meist im Zusammenhang mit ihren negativen Auswirkungen: Wirtschaftsbosse und Politiker, die dem Volk Sparmaßnahmen verordnen und selbst ihre Privilegien vermehren, weltweit Gewalt und Korruption, Krieg und Ausbeutung als Begleiter der Mächtigen. Es ist nicht verwunderlich, dass durch die drastische Darstellung, wie die Macht missbraucht wird, immer wieder das Gefühl von Ohnmacht aufkommt und der Eindruck entsteht, den Mächtigen hilflos ausgeliefert zu sein. Anscheinend sind es immer die anderen, die Macht besitzen: der Partner, der seinen Willen durchsetzt, die Kinder, die nicht tun, was man ihnen sagt, der Autofahrer, der uns den Vorrang nimmt, der Chef, der auf seine Autorität pocht, der Kollege, der uns eine angestrebte Position streitig macht, die Politiker, die uns schon wieder neue Steuern auferlegen, die Weltmacht, die einen bewaffneten Konflikt provoziert, die Medien, die uns anscheinend für dumm verkaufen wollen.

Ohne Macht geht es nicht

Aber wie stellen wir es denn selbst an, wenn wir etwas erreichen wollen? Wie verteidigen wir uns gegen ungerechtfertigte Ansprüche? Auch wir konnten doch schon im Machtspiel punkten und unsere Interessen erfolgreich verteidigen. In solchen Fällen haben wir offenbar Macht eingesetzt, selbst wenn wir es nicht wahrnehmen oder nicht so bezeichnen würden, denn jeder Mensch verfügt über Macht. Viele verdrängen jedoch die eigene mächtige Seite, denn die negative Einstellung zur Macht ist bei ihnen stärker ausgeprägt als die positive. Sie nehmen ihre guten Seiten nicht wahr.

Durch negative Erlebnisse geprägt, verweigern viele Menschen den Einsatz von Macht ganz grundsätzlich und möchten damit absolut nichts zu tun haben. Sie wollen nicht so sein wie „die da oben", die durch ihre Machtausübung so viel Leid in die Welt bringen. Sie halten sich von Auseinandersetzungen lieber fern, weil sie ihre ethischen Grundsätze nicht aufs Spiel setzen möchten. Ständig wollen sie beweisen, dass sie selbst mit Macht nichts zu tun haben und drücken bei jeder Gelegenheit ihre Verachtung gegenüber jenen Menschen aus, die Macht besitzen und ausüben. Weil sie Macht ausschließlich negativ verstehen, liegt es ihnen fern, sich selbst daran zu beteiligen. Auf der Seite derer, die keine Machtansprüche stellen, fühlen sie sich zwar auch nicht immer wohl, aber sie können vor sich selbst und anderen das Image aufrechterhalten, dass sie zu „den Guten" gehören. Sie definieren sich als machtfrei, damit ihr Selbstbild intakt bleibt.

Doch genau diese Haltung führt häufig zu großen Konflikten, denn ein Leben kann ohne Machtausübung überhaupt nicht funktionieren. Ohne Macht könnte niemand seine Ziele gegen einen Widerstand durchsetzen oder sich gegen Übergriffe wehren. Menschen, die mit Macht nichts zu tun haben wollen, versäumen nicht nur ihre eigenen Möglichkeiten, sondern leiden auch besonders intensiv unter der Macht, der sie ausgesetzt sind. Es ist auf Dauer unmöglich, sich aus dem Machtthema vollkommen herauszuhalten. Selbst wenn man sich noch so sehr anstrengt, es zu ignorieren – eines Tages wird man unweigerlich damit konfrontiert: wenn ein neuer Vorgesetzter einen diktatorischen Führungsstil praktiziert, wenn Mobbing-Terror gegen einen Kollegen im Gange ist, wenn jemand bei der Scheidung übervorteilt wird oder wenn man der Gewalt begegnet. In solchen Situationen auf die Position des Nichtbeteiligten zu pochen, ist auf längere Zeit schlicht und einfach unmöglich. Auch wenn man sich noch so lange weigert, irgendwann steht man mit dem Rücken an der Wand. Ein andauernder Rückzug aus den persönlichen Kampfzonen führt in letzter Konsequenz dazu, dass man nur noch zwei Möglichkeiten hat: entweder sich selbst aufzugeben oder doch aktiv die Macht zu ergreifen – unterzugehen oder sich zu wehren.

Die Nichtbeteiligung an der Macht ist eine Illusion. Eine Illusion noch dazu, die eine Menge an Kraft und Energie erfordert. Es ist mindestens ebenso aufwendig und anstrengend, sich aus Machtspielen herauszuhalten, wie sich dieses Thema bewusst anzueignen und sich daran zu beteiligen. Warum viele Menschen dennoch an der Vorstellung von der „weißen Weste" festhalten, hat gute Gründe: Wenn man sich nicht beteiligt, sich die Hände nicht schmutzig macht, kann man sich besser und moralisch überlegen fühlen. Man müsste auf diesen großen Lustgewinn verzichten, wenn man zum aktiven Mitspieler der Macht würde. Doch die Nichtbeteiligung an der Macht ist eine Form von Selbstbetrug, die sich auf Dauer nicht aufrechterhalten lässt. Schließlich will auch der „machtfreieste" Mensch ab und zu etwas durchsetzen, und auch der größte Machtverweigerer kann kein permanenter Jasager sein.

Nur mit Macht können wir jene Ziele erreichen, die wir uns gesteckt haben und ungerechtfertigte Machtansprüche anderer Personen abwehren. Wollen wir dem Phänomen der Macht gerecht werden, müssen wir zu den dunklen Seiten, die allseits präsent sind, die hellen Seiten dazugewinnen. Wenn wir Macht nur von der negativen Seite sehen und ablehnen, können wir uns nicht über die Macht freuen, die wir bereits haben. Wir hindern uns selbst an einer positiven Auseinandersetzung mit dem Thema, können nichts Neues dazulernen und keine strategischen Fähigkeiten entwickeln. Denn erst, wenn wir auch die positive Bedeutung der Macht erkennen, werden wir Machtinstrumente sinnvoll und kraftvoll einsetzen können, ohne unsere eigenen ethischen Grundsätze zu verraten. Ob zur Durchsetzung oder zur Abwehr: Ohne Macht geht es nicht!

Anregungen zur Selbstreflexion

Bei der Beantwortung der folgenden Fragen geht es nicht um richtige oder falsche Antworten, sondern um Selbstbeobachtung und Integration der neuen Erkenntnisse. Für die Weiterarbeit empfiehlt es sich, die Antworten auch schriftlich festzuhalten.

Welche Gefühle, Erinnerungen und Gedanken tauchen bei folgenden Fragen auf?

- ❏ Stellen Sie sich vor, jemand hat Macht über Sie.
- ❏ Stellen Sie sich nun vor, Sie haben Macht über andere.
- ❏ Durchforsten Sie Ihre Kindheit, Ihre Herkunftsfamilie, Ihre Schulzeit.
  - – Wie wurde dort mit Macht umgegangen?
  - – Wen haben Sie als mächtig erlebt und wen als Opfer?
  - – Wer hat sich durchgesetzt und mit welchen Mitteln?
  - – Wer war angesehen und warum?
- ❏ Erinnern Sie sich nun an Ihre eigenen Gefühle der Ohnmacht.
  - – In welchen Situationen sind sie aufgetreten?
  - – Was haben Sie dagegen getan?
- ❏ Überlegen Sie diese Fragen einmal in Bezug auf Ihr Berufsleben, dann auf Ihre Partnerschaft, Kinder und Freunde.
  - – Wie haben Sie sich bisher durchgesetzt?
  - – Wie wehren Sie sich gegen Forderungen und Ansprüche?
  - – Wie gut gelingt Ihnen das?
  - – Wie sehr sind Sie mit Ihren Methoden zufrieden?

Wenn Sie mehr über Ihr anerzogenes Verhältnis zur Macht erfahren und neue Verhaltensweisen dazugewinnen wollen, empfiehlt sich eine Auseinandersetzung mit der eigenen Biografie. Tipps dazu finden Sie im Serviceteil.

2. Kapitel

Mächtige Männer – machtlose Frauen?

Männer und Frauen haben eine unterschiedliche Einstellung zur Macht und nicht die gleichen Voraussetzungen für ihre Ausübung, denn die Machtressourcen sind offensichtlich ungleich verteilt. Die jährlichen Berichte der Gleichbehandlungsstellen zeigen, dass Frauen keineswegs über die gleiche öffentliche Macht verfügen wie Männer. Während Optimistinnen meinen, es wäre nur noch eine Frage der Zeit, bis die Diskrepanz behoben wäre, unterstützen die aktuellen Zahlen diese Hoffnung nicht. Jahr für Jahr wird auf die Ungleichverteilung der Macht zwischen den Geschlechtern hingewiesen: Der Anteil an Frauen in führenden Positionen ist immer noch minimal. Weibliche Vorstände und Aufsichtsräte in börsennotierten Unternehmen sind selten, und obwohl es bereits annähernd gleich viele männliche und weibliche Studierende gibt, wächst die Anzahl an weiblichen Professoren nur langsam, und Rektorinnen sind kaum vorhanden. Trotz des Einsatzes von Frauenförderprogrammen und Frauenquoten lässt die „gläserne Decke" Frauen auf der Karriereleiter nicht ganz nach oben kommen. Die wenigen Vorzeigefrauen werden in den Medien immer wieder als Erfolg der Emanzipation gefeiert, während der Großteil der bestens ausgebildeten Frauen über die mittlere Ebene nicht hinauskommt.

Die Internationale Arbeitsorganisation in Genf hat aufgrund dieser Daten die These aufgestellt, dass bei einer Fortsetzung der aktuellen Entwicklung erst in einigen 100 Jahren eine Gleichverteilung der Macht zwischen Männern und Frauen erreicht sein würde. In der Zwischenzeit leben wir mit einer Fülle von unterschiedlichen Rollenbildern und Verhaltensweisen beider Geschlechter.

Ist die Macht männlich?

„Schau mir in die Augen, Kleines", sagt der starke Mann zur sanften Schönheit. Ruhig und sicher verfolgt er sein Ziel. Probleme macht er allein mit sich selbst aus, nie würde er die Frau seines Herzens damit belasten. Er ist der Beschützer, er hat immer den Überblick. Selbst in höchster Gefahr denkt er zuerst an die Rettung der Geliebten und riskiert dafür gern sein eigenes Leben. Ohne diesen Mann wüsste die unselbstständige, schutzbedürftige Frau gar nicht, wie sie zurechtkommen sollte, denn für sie ist seine starke Schulter lebensnotwendig. Mit einem entspannten Seufzer sinkt sie in seine Arme – Ende.

Ein Mann, der nicht stark ist, ist einfach nicht erotisch. Schon Königin Brünhild in der Nibelungensage wollte nur einen Mann heiraten, der ihr im Kampf überlegen wäre. Alle Freier versagten, und erst als Siegfried, der Held, sie besiegte, konnte sie sich hingeben. Trotz hartnäckiger Verteufelung und jahrzehntelanger Bewusstseinsbildung durch die Frauenbewegung ist das Bild vom starken Mann nicht aus den Köpfen zu bringen. Jeder Hollywoodstreifen, der ein Kassenschlager werden will, greift wieder darauf zurück. Für die Frau heißt es in Abwandlung eines Bibelspruches: „Wo du hingehst, da will auch ich hingehen." Die Vorstellung von der Frau, die dem Mann überallhin folgt, prägte bis vor Kurzem noch die Ehegesetze, sie bildet die theoretische Grundlage der Familientherapie und ist immer noch Teil des konservativen Rollenbildes. Dem Mann wird der Kampf und der Frau die Hingabe zugeschrieben.

Doch hält dieses Klischee einer näheren Betrachtung stand? Ist die Macht wirklich männlich? Die Fakten unterstützen diese Annahme, und im Alltag kann sich jede/r selbst davon überzeugen. In der Wirtschaft, in der Politik, in der Finanz und sogar in weiblich dominierten Berufen wie im Gesundheits- und im Bildungswesen besetzen Männer die entscheidenden Positionen. Sie sprechen in der Öffentlichkeit, sie bestimmen die Themen, sie sind in den Medien ständig in der Überzahl präsent, wenn es um bedeutende Entscheidungen geht. Die wirklich großen Deals in der Wirtschaft werden von Männern geplant und abgewickelt, und auf der Liste der reichsten Menschen der Welt stehen fast ausschließlich Männer. Sie beziehen die höheren Gehälter, veranlagen ihr Geld risikoreicher und lassen es für sich „arbeiten". Eine der grundlegenden Forderungen der Frauenbewegung lautet daher auch: gleiches Geld für gleiche Arbeit. Gleichberechtigung wird an der Verteilung des Einkommens und der Machtpositionen gemessen, denn auch nach Jahrzehnten intensiver Bemühungen zeigen Statistiken, dass Frauen auf der ganzen Welt immer noch deutlich weniger verdienen als Männer und dass immer noch viele Frauen aufgrund der Familienarbeit und des geringeren Einkommens aus Erwerbsarbeit eine Altersrente unter dem Existenzminimum zu erwarten haben. Auch verlassen sich Frauen in finanziellen Angelegenheiten oft auf den Partner. Rund ein Drittel weiß nicht genau, was der Ehemann verdient und wird daher bei einer Scheidung leichter benachteiligt.

Auch auf der körperlichen Ebene lässt sich die Übermacht nicht wegdiskutieren. Der Mann ist durchschnittlich um zwölf Zentimeter größer, um fünfzehn Kilogramm schwerer und besitzt um zehn Prozent mehr Muskelmasse als die Frau. Diese Überlegenheit kann er jederzeit ausspielen – sei es als Beschützer oder als Gewalttäter. Er signalisiert allein schon durch seine Körperkraft, dass er sich den gewünschten Gehorsam auch erzwingen könnte.

Mit dem testosteronbedingten Hang zur Aggression, den lautstarken Drohgebärden können Männer Frauen nach wie vor in Angst und Schrecken versetzen.

Also liegt die Macht möglicherweise „von Natur aus" in den Händen der Männer?

Ist die Macht vielleicht doch weiblich?

Der Chauffeur springt herbei und öffnet den Wagenschlag der Limousine. Langsam gleitet ein aufreizendes Frauenbein heraus. Die Dame im engen Designerkleid mit tiefem Dekolleté windet sich vollständig aus dem Auto – der Vamp in Edelausführung tritt auf. Sie eilt in ein nobles Restaurant zu ihrem Treffen mit einem Mann – einem mächtigen Mann. Nach fünf Minuten Small Talk ist er Wachs in ihren Händen. Ja natürlich wird er dem Minister einen Posten abverlangen, wird er die Villa kaufen, wird er sich scheiden lassen, wird er das Geschäftsgeheimnis des Konkurrenten preisgeben. Schnitt.

Ist es vielleicht in Wirklichkeit so, dass Männer nur arme abhängige Wesen sind, die ohne Sex gar nicht existieren können? Ist der ganze Popanz, den sie aufgebaut haben, nur dazu da, um das Objekt der Begierde zu beeindrucken? Laufen sie nur dann zu Höchstleistungen auf, wenn eine Frau sie dazu animiert? „Der Mann ist der Kopf, doch die Frau ist der Hals", sagt ein russisches Sprichwort. Frauen bringen mit ihren Verführungskünsten selbst Helden von ihrem Weg ab. Sie entlocken dem Geheimagenten Informationen, sie machen aus einem mittelmäßig begabten Mann einen erfolgreichen Präsidenten oder einen berühmten Maler. „Hinter jedem erfolgreichen Mann steht eine Frau", sagt der Volksmund. Offensichtlich haben Frauen die Macht, Männer zu fördern oder sie zugrunde zu richten. Von sexuellen Verlockungen über den Appell an die Hilfsbereitschaft bis zu Weinkrämpfen reichen die „Waffen der Frauen", wenn sie ihre Ansprüche durchsetzen wollen.

Die Ehefrauen früherer Generationen wussten noch genau, wie ein Mann zu „behandeln" ist, damit er nach ihren Wünschen funktionierte, und sie gaben diese Tricks auch an ihre Töchter weiter. Erst durch die Emanzipationsbewegung und das Streben nach Gleichberechtigung ist dieses Verhalten in ein schlechtes Licht geraten. Viele Frauen lehnen es inzwischen ab und verbieten es sich, diese Form der Macht bewusst einzusetzen. Doch all jene Frauen, die diese Skrupel nicht haben, erreichen damit auch heute noch ihre Ziele, denn nicht viele Männer können sich gegen manipulative Frauenmacht wehren. Und so empfehlen sogar moderne Frauenmagazine und Ratgeber ihren Leserinnen, auf dem Karriereweg von den weiblichen Waffen Gebrauch zu machen.

Frauen wissen auch, dass die Liebe durch den Magen geht, dass in jedem Mann ein kleiner Junge steckt, der verwöhnt werden möchte. So hat schon manche Ehefrau mit Fürsorge und Kochkunst ihrem Mann die Treue schmackhaft gemacht. Aber nicht nur die Mütterlichkeit, die Frauen in der Partnerschaft einsetzen, verhilft ihnen zur Macht über die Männer. Die leiblichen Mütter behalten den Einfluss auf ihre Söhne oft bis ins hohe Alter. Der Sohn ist der Beste, der Schönste und der Klügste: Diese ganz besondere Form der Liebe, die viele Mütter ihren Söhnen angedeihen lassen, ist zwar auf den ersten Blick rührend, doch auf den zweiten Blick wird damit auch Macht ausgeübt – besonders, wenn das Kind bereits ein erwachsener Mann ist.

Zudem liegt die Kontrolle über die Fortpflanzung in den Händen der Frauen. Ein Blick in die Geschichte und in andere Kulturen gibt Aufschluss darüber, dass schon immer Mittel und Wege gefunden wurden, um über Zeitpunkt und Anzahl der Schwangerschaften zu bestimmen. Ob mit Kräuterkunde, Mondphasen oder sexuellen Praktiken, Frauen kannten sowohl Methoden zur Empfängnisverhütung als auch zur Abtreibung, und die Entdeckung der Antibabypille hat diese Möglichkeit für eine breitere Schicht zugänglich gemacht. Frauen können Männer mit „ungewollten" Schwangerschaften manipulieren und setzen diesen Vorteil auch ein. Bis vor nicht allzu langer Zeit war es aus mit der Freiheit des Mannes, wenn eine Frau schwanger wurde. Er musste heiraten und wurde in den Versorgungsprozess gezwungen, ob er wollte oder nicht. Darüber hinaus konnte ein Mann nicht einmal sicher sein, ob er tatsächlich der Vater dieses Kindes ist. Neue Untersuchungsmethoden legen die Vermutung nahe, dass etwa 20 Prozent der Kinder nicht von dem Mann gezeugt wurden, der als Vater angegeben wurde.

Die heute allgemein zugänglichen Vaterschaftstests bringen dieses Bollwerk der Frauenmacht zwar langsam zum Bröckeln, doch das Wissen über die Vaterschaft liegt als Machtpotenzial noch immer überwiegend bei den Frauen. Erst wenn die Männer ihr Recht gesetzlich abgesichert haben, dass die Vaterschaft beispielsweise automatisch bei der Geburt eines Kindes festgestellt wird, ohne dass die Mutter zustimmen muss, kann auf diesem Machtschauplatz von Gleichberechtigung gesprochen werden.

Frauen spielen ihre „Müttermacht" auch bei Trennungen aus. Väter, die bei einer Scheidung um ihre Kinder kämpfen, haben meist keine Chance. Wenn eine Frau ihnen das Besuchsrecht verweigern will, setzt sie das fast immer durch. Die Methoden reichen von der Unpässlichkeit des Kindes über Kritik an der Art, wie die Väter die Zeit mit ihren Kindern gestalten, bis zum Vorwurf des sexuellen Missbrauchs. Auch Männerinitiativen und Selbsthilfegruppen von Vätern ändern daran nur wenig, denn auf diesem Gebiet sind die Männer tatsächlich in der schwächeren Position. Dieses Machtungleichgewicht wird in den letzten Jahrzehnten, in denen die Männer intensivere Beziehungen zu ihrem Nachwuchs aufgebaut haben, erst so richtig deutlich, denn von Kindern, deren Geburt er miterlebt hat, die er gewickelt und gefüttert hat und um derentwillen er auf Karriereschritte verzichtet hat, trennt sich auch der stärkste Mann nicht leicht.

Frauen können die Männer am Gängelband führen: Wenn sie Lust auf Helden haben, gibt es Helden, wenn Machos gewünscht sind, werden Männer zu Machos, wenn sie sich zu Softies wandeln sollen, tun sie auch das. Solange die Männer von ihrer Sexualität beherrscht werden, die Geburtenkontrolle nicht selbst verantworten wollen und mütterliche Versorgung brauchen, wird ihre Gleichberechtigung nicht zu erreichen sein.

Liegt die wahre Macht also möglicherweise „von Natur aus" in den Händen der Frauen?

Konfusion um die Gleichberechtigung

Wer hat denn nun wirklich die Macht? Welche Vorbilder sind noch gültig, welche überholt? Gibt es in diesem Mann-Frau-Spiel festgelegte Verhaltensweisen, wer ist Täter und wer ist Opfer? Diese Fragen lösen bei beiden Geschlechtern erhebliche Verunsicherung aus. Die traditionell gewohnte Aufgabenteilung funktioniert nicht mehr, die alten Klischees sind nicht mehr haltbar. Die starren Rollenbilder verlieren an Bedeutung, neue und alte Modelle existieren bunt gemischt nebeneinander. Auch neuere feministische Bücher wie „Die ganze Frau" (Germaine Greer) beschäftigen sich mit der Machtfrage und beklagen die Tatsache, dass es eher Rückschritte zu beobachten gäbe und dass die traditionellen Rollenbilder wieder an Terrain gewinnen würden. In diese Kerbe schlugen auch die Diskussionen über die Autorin Eva Herman, die in ihrem Buch „Das Eva-Prinzip" die Freuden des Mutterseins aufgewertet sehen möchte und sich für eine neue Weiblichkeit ausspricht, oder Susanne Gaschke, die in ihrem Buch „Die Emanzipationsfalle" die Frauen „erfolgreich, einsam und kinderlos" sieht. Der renommierte Religionssoziologe Günter Dux sucht nach den „Spuren der Macht im Verhältnis der Geschlechter" und rollt deren Beziehung im Laufe der Geschichte auf. Beginnend mit den Jägern und Sammlern endet er mit der Anregung, dass Frauen gegen die Männermacht ankämpfen sollten. Der deutsche Soziologieprofessor Reinhard Kreissl vertritt die These, dass die Macht entschwindet, wenn

Frauen danach greifen und dass sie daher „Die ewige Zweite" bleiben werden. Während Sibylle Hamann und Eva Linsinger der Frage nachgehen, „Warum wir einen neuen Geschlechtervertrag brauchen" (Weißbuch Frauen/Schwarzbuch Männer), liefert die Doyenne der Frauenbewegung, Alice Schwarzer, „Die Antwort" auf die immer noch vorhandene Ungleichstellung. Betrachtet man den Markt der populärwissenschaftlichen Bücher, so fällt auf, dass die Frauenfrage wesentlich mehr Raum einnimmt als die Männerfrage. Publikationen, die sich mit der Rolle des Mannes aus der Sicht der Männer beschäftigen, sind rar, erzielen keine hohen Auflagen und oft werden sie sofort nach Erscheinen von Frauenseite heftig kritisiert (Paul-Hermann Gruner). Bücher, welche die Übermacht der Frauen gar kritisieren, haben in einem renommierten Verlag kaum Chancen auf Veröffentlichung.

Während der Kampf um die Vormachtstellung in der Geschlechtertheorie noch tobt, entspringen aus dem Labor der Gesellschaft neue Prototypen der Macht: Da gibt es böse Mädchen, die überall hinkommen, wenn sie nur wollen (Ute Erhardt), die frech und unberechenbar ihren eigenen Weg gehen. Die Alpha-Mädchen brauchen keine Emanzipation (mehr), sie nehmen sich, was sie wollen (Meredith Haaf), sie betrachten die Jungs als Sexobjekte und pfeifen auf Beziehung und Treue. Frauenmagazine promoten die Power-Frau, die als perfekt gestylte Topmanagerin sämtlichen Idealvorstellungen entspricht. Sie ist erfolgreich, liebevolle Mutter und verständnisvolle Gefährtin ihres Lebenspartners oder glückliche Single-Frau. Nach ihrem Erfolgsrezept befragt, erklärt sie stolz, niemals von Männern in ihrer Karriere behindert worden zu sein und alles kraft ihrer Kompetenz geschafft zu haben.

Auch vor den „letzten Wahrheiten" zeigt die Frauenbewegung keine Scheu. Der alte „Herrgott" wird zur „Fraugott" – wie einer ihrer Lieblingssprüche zeigt: „Als Gott den Mann schuf, hat *sie* nur geübt." Die Frau scheint schlichtweg der bessere Entwurf des Menschen zu sein, Männer sind ein Fehlgriff der Natur, denn Frauen sind ganz einfach klüger, schöner und natürlich stärker. Wenn sie schon immer an der Macht gewesen wären, dann würde die Welt heute ganz anders aussehen – nämlich friedlicher und lebenswerter, ganz einfach besser. Heute befürchten viele Frauen den Backlash: Der Rückzug des Sozialstaates und die Verknappung der Arbeitsplätze könnten sie wieder zurück an den Herd zwingen, wo sie die unbezahlten Hilfs- und Pflegedienste für die Familie und die Randgruppen der Gesellschaft übernehmen müssen. Die Errungenschaften der Frauenbewegung wären dann rasch von wirtschaftlichen Sachzwängen zunichtegemacht. Aber auch eine Frau, die freiwillig „nur Hausfrau" ist, kann nicht mit Anerkennung für ihre Leistung rechnen, weil die Forderung der Frauenpolitik, dass nur die Erwerbstätigkeit die Unabhängigkeit der Frauen garantiert, sich bereits als Norm etabliert hat.

Auf der Männerseite finden wir den jugendlichen Computer-Freak. Er verzichtet auf Anzug und Krawatte, arbeitet wann er will und verdient dabei hervorragend. Der „Soft-Karrierist" bremst hingegen den Fortgang seiner eigenen Karriere, um ernsthaft „Halbe-Halbe" zu machen und Hausarbeit und Kinder mit seiner Frau zu teilen. Neben dem Glück, das er in der Beziehung zu den Kindern erlebt, lernt er auch den Stress der Doppelbelastung kennen. Dabei gerät er oft an die Grenzen seiner Leistungsfähigkeit. Der moderne Mann jeden Alters trainiert seinen Waschbrettbauch und ist immer gut angezogen. In Männermagazinen informiert er sich nicht nur über Sport und Autos, sondern auch darüber, was bei Frauen ankommt und was bei Erektionsproblemen zu tun ist. Eine neue Spezies, der metrosexuelle Mann, pflegt seinen Körper und interessiert sich zunehmend für Kosmetika und Mode.

Zudem formiert sich auch eine Emanzipationsbewegung der Männer. Sie will dem von der Frauenbewegung geschwächten „starken" Geschlecht das Bewusstsein für seine ursprüngliche Macht zurückgeben und ein neues Selbstverständnis vermitteln.

Sie reden über ihre Gefühle, erforschen ihren Körper, lernen zuzuhören und lehnen traditionelle Äußerungen von Männlichkeit ebenso ab. (Paul M. Zulehner, „Männer im Aufbruch"). Die Gegenbewegungen von der Wiederentdeckung des Männlichen (der „wilde Mann", „der Eisenhans" (Robert Bly), die Survival-Spezialisten bleiben hingegen ein Minderheitenprogramm, denn der Vorwurf, die alten Herrschaftsverhältnisse wiederherstellen zu wollen, wiegt zu schwer.

Der Prozess der Verunsicherung dauert nun schon seit längerer Zeit an. Über die Jahre hat die Belastung bei beiden Geschlechtern ein enormes Ausmaß erreicht. Im Bereich der Gesundheit zeigt sich bei Frauen mittlerweile ein ständiger Anstieg des Nikotinkonsums und der Herzinfarktrate, während bei Männern bisher typische Frauensymptome wie Depressionen, Essstörungen und Panikattacken zunehmen. Die ständig steigende Scheidungsrate in unseren Gesellschaften produziert immer mehr Singles. Während Frauen mit ihrer neuen Selbstständigkeit und auch mit der Einsamkeit halbwegs gut zurechtkommen, ziehen sich alleinstehende Männer oft völlig zurück – ins Internet, vor den Fernseher oder in ihre Arbeitswelt. Der Mann soll sich heute nicht mehr als Macho gebärden. Doch als Softie ist er den neuen Frauen nicht gewachsen und fällt in die Identitätskrise. Aus Unsicherheit über die Erwartungen, die all die tollen, starken Frauen an ihn stellen, versagt er auf allen Ebenen – inklusive der Sexualität. Das starke wird zum schwachen Geschlecht.

Die Aufweichung der traditionellen Rollenverteilung hat auch Auswirkungen auf die Machtverhältnisse zwischen Mann und Frau. Die einen Autoren ziehen daraus den Schluss, dass die Macht prinzipiell männlich ist und dass Frauen benachteiligt sein werden, was immer sie auch tun (Kreissl). Die anderen meinen, dass es nur eine Frage der Zeit sei, bis es zu einem ausgeglichenen Verhältnis und einer neuen Partnerschaft kommt (Walter Hollstein, „Geschlechterdemokratie: Männer und Frauen: Besser miteinander leben"). Und wieder andere sehen eine Umkehrung der Machtverhältnisse – ein neues Matriarchat (Sabine Herzog, „Das Matriarchat als geschlechtssymmetrische Gesellschaftsform?").

Doch welchen Weg die Gesellschaft auch nehmen wird, der Einzelne wird weiterhin stark gefordert sein, mit diesen Prozessen angemessen umzugehen und die Konsequenzen zu ziehen. Die Auseinandersetzung mit der Macht wird für Männer und Frauen gleichermaßen bedeutsam werden. Würden nämlich die Männer in ihren Beziehungen mehr Zufriedenheit erlangen und den Einsatz von Zwang und Gewalt reduzieren wollen, so müssten sie sich aus ihrer emotionellen und sexuellen Abhängigkeit lösen und vor allem erst Macht über sich selbst erlangen. Würden die Frauen wirklich Macht in der Gesellschaft anstreben, müssten sie sehr viel mehr über die Spielregeln der Erwerbsarbeit lernen. Sie müssten bereit sein, sich auch „die Hände schmutzig zu machen" und auf einige Vorteile ihrer derzeitigen Macht zu verzichten. Um diese Ziele zu erreichen, benötigen beide Geschlechter Grundkenntnisse der Machtmechanismen – und einige Zeit zum Üben.

Anregungen zur Selbstreflexion

❑ Beschreiben Sie, wie Sie persönlich die Machtverteilung zwischen Männern und Frauen sehen.

❑ Wie war in Ihrer Ursprungsfamilie die Macht zwischen den Geschlechtern aufgeteilt? Gab es eher starke Frauen oder starke Männer?

❑ Gab es in Ihrem Leben Situationen, in denen Sie sich aufgrund Ihrer Geschlechtszugehörigkeit mächtig gefühlt haben, und wenn ja, warum?

❑ Gab es in Ihrem Leben Situationen, in denen Sie sich aufgrund Ihrer Geschlechtszugehörigkeit ohnmächtig gefühlt haben, und wenn ja, warum?

35

- ❏ Was halten Sie von „neuen Männern" und „starken Frauen"?
- ❏ Wie wird sich Ihrer Meinung nach das Verhältnis zwischen Männern und Frauen in den nächsten zehn Jahren entwickeln?

3. Kapitel

Das Macht-Tabu

Wenn jemand auf sein Machtpotenzial angesprochen wird, spielt er es gerne herunter. „In Wirklichkeit ist ja meine Position in der Firma gar nicht so stark, mein Kollege hat viel bessere Verbindungen als ich", behauptet der Abteilungsleiter. „Eigentlich sind ja die Wähler mächtig, die uns ihre Stimme geben, nicht meine Funktion", sagt der Parteichef. Die Politikerin schwärmt von der Befriedigung, die sie aus ihren Gestaltungsmöglichkeiten zieht, gleichzeitig erwähnt sie aber auch die enorme Verpflichtung und Verantwortung, die diese mit sich bringen. Fast scheint es, als sei Macht etwas Unanständiges, etwas, dessen man sich schämen muss.

In unserer Gesellschaft präsentieren Menschen ihre Macht selten in voller Größe. Lieber verschleiern sie ihre Möglichkeiten, und es zählt zu den raren Ausnahmen, dass jemand eingesteht, ihm würde seine Macht Freude bereiten. Die gängige Botschaft ist: Macht schafft keine Befriedigung – ganz im Gegenteil: Macht bringt nur Stress und Sorgen. Der Umgang mit der Macht ist durchaus vergleichbar mit der Einstellung zur Sexualität in den 1950er Jahren. Auch dafür galt: Alle tun „es", aber keiner spricht darüber. Sex fand im Geheimen statt, es wurde kaum geforscht, für geschlechtliche Vorgänge existierten nur medizinische Begriffe oder Vulgärausdrücke. Im Kino war ein nackter Busen schon ein Skandal und Küssen in der Öffentlichkeit verpönt. Details über selbstverständliche Vorgänge wie Geburt oder Orgasmus waren selbst dem durchschnittlich gebildeten Menschen weitgehend unbekannt. Seit dem Kinsey-Report und den Filmen von Oswald Kolle ist das Wissen über Sexualität in breiten Schichten enorm gestiegen, und der Handlungsspielraum ist wesentlich größer geworden. Wenn auch diese Entwicklung nicht nur Vorteile mit sich brachte, war die Enttabuisierung doch ein wesentlicher Schritt auf dem Weg zu größerer Freiheit. Sie eröffnete für beide Geschlechter die Chancen auf einen neuen Umgang mit der Sexualität.

Eine ganz ähnliche Situation konnte man Mitte der 1990er Jahre im Bereich der Macht beobachten. Auch über die Machtmechanismen wurde kaum wissenschaftlich gearbeitet, es gab keine ernst zu nehmenden populärwissenschaftlichen Veröffentlichungen, Seminare dazu wurden nicht angeboten und im Psychologielexikon kam nicht einmal ein Stichwort dazu vor. Bald tauchten die ersten Bücher zum Thema Macht auf. Einerseits wurden Klassiker wie „Il Principe" („Der Fürst") von Niccolò Machiavelli neu aufgelegt. Die Reflexionen aus dem 16. Jahrhundert über die herrschenden Machtprinzipien waren bald auf Manager-Schreibtischen zu finden. Man suchte nach Anregungen für die eigene Situation, auch wenn Machiavellis Prinzip „Vernichte deine Feinde vollständig" heute einiges an Kopfzerbrechen bereitet. Bald erschienen auch leichter konsumierbare Versionen, wie zum Beispiel „Der kleine Machiavelli" (Peter Noll) sowie – als deutliches Indiz für die Trendtauglichkeit des Werks – ein „Machiavelli für Frauen" (Harriet Rubin). Auch das vor 2500 Jahren vom chinesischen Philosophen Sunzi verfasste Werk „Die Kunst des Krieges" (James Clavell) fand wieder neue Leserschaft.

Enthemmung und Horizonterweiterung

In den Neuerscheinungen der späten 1990er Jahre wurden die „erfolgreichsten" Methoden der Machtausübung beschrieben, aber es war vorwiegend die „dunkle Seite" der Macht, die Autoren und Leser gleichermaßen faszinierte. So fanden sich Ratgeber mit Titeln wie „Mit den Wölfen heulen. Tipps und Tricks für die Karriere auf die fiese Art" (Wolfhart Berg) oder „Überleben im Bürodschungel – Wie man Chefs, Kollegen und Mitarbeiter bändigt" (Judi James). In einem Bestseller wurden die „48 Gesetze der Macht" (Robert Greene) postuliert. Auf gut 500 Seiten wird so argumentiert, wie es der Klappentext erwarten lässt: „Macht hat einen hohen Preis: Wer auf ihre Gipfel gelangen will, darf sich nicht zu lange bei moralischen Bedenken und Skrupeln aufhalten." Der Autor rät zu Strategien wie: „Mache Menschen von dir abhängig". Das unterschwellig transportierte Motto hieß bei diesen Publikationen meist: Wie komme ich am einfachsten nach oben, wie werfe ich mein Gewissen über Bord oder kurz: Wie werde ich ein Charakterschwein? Wie oft nach einer langen Zeit der Tabuisierung, fiel der Befreiungsschlag auch hier etwas heftig aus, doch die Lage entspannte sich bald.

Die nächste Welle brachte komplexere Betrachtungen auf den Markt. Biografien historischer Persönlichkeiten „Von Perikles bis Mao" beschreiben die Techniken der „Virtuosen der Macht" (Wilfried Nippel). Ein Bildband zeigt anhand von Porträts, wie sich die Gesichter von Politiker/innen im Laufe ihrer Amtszeit veränderten. Eine Recherche, die 2005 am Institut für Macht-Kompetenz durchgeführt wurde, verdeutlicht das Tempo, mit dem das Machtthema nach dem Aufbrechen des Tabus an Bedeutung gewinnt. Untersucht wurden Diplomarbeiten und Dissertationen an der Wirtschaftsuniversität und an der Universität in Wien, die den Begriff „Macht" im Titel führen. Die Anzahl der Arbeiten nahm innerhalb von fünf Jahren (Zeitraum 1995–1999 gegenüber Zeitraum 2000–2004) an der Wirtschaftsuniversität um 260 Prozent und an der Universität um 174 Prozent zu. Im Schnitt hat sich also das Interesse am Machtthema innerhalb von zehn Jahren nahezu verdoppelt. Ein weiteres Indiz sind die Titel der lieferbaren Bücher am freien Buchmarkt (VLB). Recherchiert wurde unter www.buchmarkt.at, einer Datenbank mit über 1.000.000 Büchern, Videos, Hörbüchern, Zeitschriften und Software.

Im Jahr 1998 waren 116 Titel gelistet, 2004 waren es bereits 216 Titel. Dieser Trend hält ungebrochen an. In den letzten Jahren ist auch eine deutliche Zunahme von Angeboten auf dem Seminarmarkt und bei Vortragsthemen festzustellen. Auch die Bereitschaft der Medien für die Auseinandersetzung mit der Macht ist gestiegen, Talkshows und Podiumsdiskussionen widmen sich dem lange verdrängten Thema.

Zyklen der Macht

Wie kam es zur Entstehung des Tabus? Der Wechsel der institutionalisierten Macht folgt einem immer gleichen Muster: Neue gesellschaftliche Gruppierungen formieren sich unter dem Anspruch, die Bedürfnisse der Menschen besser zu befriedigen oder Veränderungen Rechnung zu tragen. Dieser Prozess beginnt meist mit hohen Idealen und setzt Impulse für neue Entwicklungen, wodurch die ideologischen Konzepte anfänglich oft zu einer breiten Akzeptanz gelangen. Sie erhalten Unterstützung vonseiten derer, die sich davon die Lösung ihrer Probleme erwarten. Danach erfolgt die Etablierung der neuen Machthaber und einer neuen Herrschaftselite. Sehr bald aber halten Machtmissbrauch, Korruption und Dekadenz Einzug in die Schicht der Mächtigen. Ab diesem Zeitpunkt beginnt die Lebensqualität der Untertanen wieder zu sinken, und ab einem kritischen Punkt nimmt auch die Unzufriedenheit wieder zu. Die latent vorhandene Gegenmacht bekommt Aufschwung und löst wieder einen Machtwechsel aus. Im Laufe der Geschichte kam es dabei meist zu dramatischen Verwerfungen wie Revolution, Krieg, Mord und Intrige. Oft gewann erst nach jahrelangem Ringen und nach Zeiten der Unsicherheit eine Gruppierung wieder die Oberhand – und der Zyklus begann von Neuem.

Das Überraschende an dieser Beobachtung ist, dass nach einer für geschichtliche Prozesse äußerst kurzen Zeit von einigen Jahrzehnten die neuen Machthaber zu ähnlichen Methoden greifen wie die alten. Sie demonstrieren ihre Macht mit allen zur Verfügung stehenden Mitteln: nach innen, dem eigenen Volk gegenüber, und nach außen, gegenüber anderen Ländern. Sie schaffen Privilegien für die herrschende Schicht, sie sichern sich die materiellen Ressourcen und den Zugriff auf das Militär, sie vernichten ihre Feinde physisch oder halten sie wirtschaftlich an der kurzen Leine. Wirklich bemerkenswert ist, dass dieser Mechanismus automatisch zu greifen beginnt, unabhängig von der Ideologie, die von der Gruppierung vertreten wird. Selbst wenn der Anlass für den Machtwechsel Grausamkeit oder Unfähigkeit der Herrschenden war und die zukünftigen Machthaber dem Volk mehr Gerechtigkeit, Freiheit und Wohlstand versprachen, befanden sie sich selbst nur wenige Jahre nach der Machtübernahme zumeist auf denselben Bahnen wie ihre Vorgänger.

In Aussagen wie „Die Revolution frisst ihre Kinder" und „Macht verdirbt den Charakter" kommt dieses Phänomen zum Ausdruck. Die Erklärungsversuche dafür reichen von der Lernunfähigkeit des Menschen bis zur Theorie eines Machttriebes. Eindeutige Aussagen über die Gründe dafür können nicht getroffen werden.

Entwürfe für neue Machtverhältnisse

Es zählte zu den Idealen der Aufklärung, diesen zwingend erscheinenden Zyklus der Macht grundsätzlich zu durchbrechen. Die für uns heute selbstverständlich klingende Aussage „Alle Menschen sind gleich" wirkte wie ein revolutionärer Schock für das Weltbild des 18. Jahrhunderts. In Europa war der Absolutismus als Regierungsform weit verbreitet, alle Macht konzentrierte sich in einer Person wie Kaiser, König oder Zar und deren Beamten.

Erst Jean-Jacques Rousseau („Vom Gesellschaftsvertrag oder Prinzipien des Staatsrechts") brachte die neue Idee in die Welt: Wenn es kein göttliches Gesetz der Über- und Unterordnung gibt, dann sollte das Volk seine Herrscher abwählen können, sobald es mit ihrer Regentschaft nicht mehr zufrieden wäre. Auf diese Irritation reagierten einige Staaten Europas, wie Preußen, Österreich und auch England, mit verstärkter Reformbereitschaft. Frankreich, noch ganz in der Selbstherrlichkeit der Sonnenkönige gefangen, glaubte den alten Stil beibehalten zu können. Folgerichtig kam es 1789 dort auch zur ersten bürgerlichen Revolution, bei der die Ideale von Freiheit, Gleichheit und Brüderlichkeit ausgerufen wurden. Mit diesen Ideen wurde die Grundlage für unsere heutigen westlichen Demokratien gelegt. „Alle Macht geht vom Volk aus". Die Aufteilung der Macht, die Gewaltentrennung und die rechtliche Verankerung der Kontrolle „von unten", durch das Volk selbst, sollen die Grundrechte des Menschen wahren und das Individuum vor Missbrauch schützen. Die USA waren nach dem Unabhängigkeitskrieg der Kolonien die Ersten, die diese demokratischen Prinzipien auch in einer entsprechenden Verfassung festschrieben (1787). In Europa dauerte der Prozess der Demokratisierung wesentlich länger. Wohl gab es in der konstitutionellen Monarchie Englands bereits eine lange Tradition der Mitsprache des Volkes, doch erst nach und nach erhielten die Staaten Mitteleuropas auch demokratische Verfassungen. Der eigentliche Durchbruch kam erst nach dem Ersten Weltkrieg.

Ende des 19. Jahrhunderts wurde eine weitere bahnbrechende Idee geboren: Um der Idealvorstellung von der Gleichheit der Menschen gerecht zu werden und einen allgemeinen Zugang zu den Produktionsmitteln zu ermöglichen, müsse erst eine Umkehrung der Macht stattfinden. Da die Herrschenden ihre Macht nicht freiwillig hergeben würden, müssten sie enteignet und das Volk durch Umerziehung mit den neuen Gedanken vertraut gemacht werden. Erst danach würde Gerechtigkeit auf der ganzen Welt möglich sein. Ausgehend von Rousseau und aufbauend auf den Idealen der sozialistischen Utopisten, stellten Marx und Engels im „Kommunistischen Manifest" (1848) eine neue Weltordnung vor – strikt getrennt nach guten und bösen Menschen, nach Ausgebeuteten und Ausbeutern. Die Macht sollte in die Hände der werktätigen Bevölkerung gelangen, und die Intellektuellen sollten ihr Sprachrohr werden. Die Klasse der Herrschenden und Besitzenden wurde in Russland mit der Oktoberrevolution 1917 entmachtet und die „Diktatur des Proletariats" an ihre Stelle gesetzt.

Die Ausbreitung des Kommunismus brachte eine neue Form der „Macht von unten" ins Spiel. Die Art der Machtübernahme und die Auswirkungen nach außen und innen waren im Stalinismus jedoch dieselben wie schon immer davor: grausame Vernichtung der Gegner im eigenen Land, Schreckensherrschaft, Privilegien für die Funktionäre, klare Deklaration der Machtinhaber und Ausprägung einer herrschenden Schicht. Der Zugang zur Bildung und zu den Produktionsmitteln, die Beseitigung der schlimmsten Armut, die Gleichstellung der Frau – all das waren Errungenschaften, die diesem System in der ersten Zeit zur Akzeptanz verhalfen. Auch konnte Russland trotz dieser gewaltigen inneren Veränderungen seine Position unter den mächtigen Staaten in Europa halten.

Zwei Machtblöcke

Während der Kommunismus nach dem Zweiten Weltkrieg seine Grenzen bis in die Mitte Europas verlagern konnte, gerieten die westlichen Staaten in den Einflussbereich der USA. Finanzhilfen für den Wiederaufbau, Schutz durch die NATO und das gemeinsame demokratische Weltbild ließen eine Allianz entstehen, die dem Kommunismus die Stirn bieten sollte. Bald entwickelten sich zwei Supermächte, die einander durch das „Gleichgewicht des Schreckens" in einem Kalten Krieg in Schach hielten.

In der Demonstration ihrer Macht nach außen zeigten beide Blöcke ein ähnliches Verhalten: Es begann ein gigantischer Wettlauf in der Rüstung und der Raumfahrt, der Wirtschaft und der Wissenschaft. Unter gegenseitigen Drohgebärden gestalteten sie die Ausweitung ihrer Einflusssphären auf den Rest der Welt. Nach innen verfestigten die beiden Weltmächte ihre im Ursprung verwandten und andererseits extrem konträren Ideologien. Denn obwohl beide auf dem Gleichheitsgrundsatz aufbauen, gestaltete sich die Umsetzung unterschiedlich:

In sozialistischen Staaten steht jedem Bürger automatisch und unabhängig von seiner Leistung der gleiche Anteil an der gesamten Wertschöpfung und den vergesellschafteten Produktionsmitteln zu. „Wenig, aber das sicher", ist die Devise. Die Gleichheit ist verordnet und wird zentralistisch verwaltet. Die Staatsform ist eine offen gezeigte Diktatur, doch mit einer Machtstruktur, in der das Volk selbst der Diktator sein sollte. Deklarierte Feinde des Systems sind die Kapitalisten und die Bourgeoisie. Die Annahme des kommunistischen Weltbildes: Würden die westlichen Einflüsse endlich nicht mehr das Volk verderben und würde nach der Übergangsphase der Diktatur des Proletariats die notwendige Bereinigung der Machtverteilung abgeschlossen sein, dann könnte weltweit der „wahre Sozialismus" verwirklicht werden – und die Macht wäre gezähmt.

In der westlichen Welt verspricht „The American Dream" jedem Bürger gleiche Chancen und Rechte und einen beliebig großen Anteil am Wohlstand. Dieser ist jedoch abhängig von der persönlichen Leistungsfähigkeit des Individuums. Die Gleichheit ist ein abstraktes Recht, das der Einzelne nutzen kann und soll. Die Bürger der USA sind stolz auf ihre demokratische Verfassung und die Vorstellung, dass sie die Ersten waren, denen es gelungen ist, die Macht demokratisch zu kontrollieren. Die Annahme des kapitalistischen Weltbildes: Würden jetzt auch noch die anderen Staaten dazu gebracht werden, ihre Regierungsformen in Demokratien westlicher Prägung mit freier Marktwirtschaft umzuwandeln und würde vor allem der Kommunismus verdrängt werden, dann wäre das Prinzip der Freiheit und Gleichheit weltweit verwirklicht – und die Macht wäre gezähmt.

Ein katastrophaler Rückfall

Die jungen Staaten Mitteleuropas erlebten nach dem Ersten Weltkrieg einen dramatischen Rückfall in ihrem Demokratisierungsprozess. Deutschland und Österreich hatten Probleme, mit den staatspolitischen und wirtschaftlichen Gegebenheiten fertig zu werden, die durch den Verlust der Kronländer, die Verträge von Versailles und Saint-Germain-en-Laye entstanden waren. Über 15 Jahre lang konnten sich keine stabilen Machtverhältnisse bilden. Daher war es auch für den Nationalsozialismus und die Demagogen Adolf Hitlers ein Leichtes, die Untauglichkeit der Demokratie anzuprangern und die Schreckensherrschaft des Dritten Reiches zu errichten.

Unter seiner Führung wurde die Staatsmacht auf eine Art und Weise demonstriert, wie es die Welt noch nicht erlebt hatte. Alle Elemente, die der Festigung und Absicherung der Herrschaft dienen, wurden mit rücksichtsloser Konsequenz eingesetzt: von der Rückendeckung durch die Rüstungsindustrie bis zu ausgeklügelten Verhandlungsstrategien, von der Emotionalisierung des Volkes über den gezielten Einsatz von Ritualen bis zur Verbreitung von Angst und Vernichtung, von der Propagandamaschinerie bis zur lückenlosen sozialen Kontrolle. Die Macht wurde in einem nie da gewesenen Ausmaß missbraucht, indem die eigenen Bürger und andere Staaten für die Verwirklichung der Ideologie getäuscht und benutzt wurden. Erst als der militärische Sieg der Alliierten Deutschland befreite, konnte es zu einer Loslösung aus der Umklammerung des Nationalsozialismus kommen. Die politische Macht wurde daraufhin in Europa und in der Welt neu verteilt.

Eingezwängt zwischen den Machtblöcken der USA und der UdSSR, machten sich die Kriegsverlierer Deutschland und Österreich an den Wiederaufbau. Schwer angeschlagen im Selbstbewusstsein, kategorisiert in Grade der Nazibelastung und rasch im Verdrängen, vollbrachten die Bürgerinnen und Bürger das „Wirtschaftswunder". Das politische Klima war geprägt von der Zerrissenheit zwischen einer langen Tradition des Obrigkeitsdenkens und den neuen Verlockungen des amerikanischen Individualismus, zerrissen aber auch zwischen den Idealen des Sozialismus und den Versprechungen des Kapitalismus.

Mit der neuen Demokratisierungswelle, die in Mitteleuropa nach dem Krieg entstand, wurden Konzentration und offene Darstellung von Macht abgelehnt. Die erste Regierung war in Österreich folgerichtig eine Regierung aller Parteien. Durch das Modell der Sozialpartnerschaft, bei dem Arbeitgeber- und Arbeitnehmervertretung eine Art Schattenregierung bildeten, wurden Konfliktpotenziale entschärft, Differenzen hinter verschlossenen Türen ausgetragen und die Bürger wenig mit grundsätzlichen Fragen belastet. Das brachte sozialen Frieden und in Kombination mit einem stetigen Wirtschaftswachstum auch unter wechselnden Regierungen eine dauernde Stabilität und Wohlstand.

Die Macht im Untergrund

Der gigantische Machtmissbrauch durch den Nationalsozialismus hatte in Europa einen Schock ausgelöst, der die Auseinandersetzung mit dem Thema Macht auf Jahrzehnte stoppen sollte. Sprachlosigkeit überkam die einzelnen Menschen wie auch Regierungen und Medien. Der zeitgenössische Politologe Hans-Peter Schwarz sagte dazu: „Deutschland litt an seiner Machtbesessenheit, dann fiel es für 50 Jahre in die Machtvergessenheit" („Die gezähmten Deutschen"). Man stürzte sich in die ausreichend vorhandenen Aufgaben für den Wiederaufbau und setzte auf das Leistungsprinzip – jedoch ohne die Vergangenheit aufzuarbeiten. Niemand wollte mehr offen die Macht für sich beanspruchen, denn niemand wollte in den Verdacht kommen, dem alten Gedankengut anzuhängen. Mit der Entnazifizierung fielen auch die Formen der offenen Machtdemonstration und die damit verbundenen Rituale der Verdrängung anheim. Dieser dezente Umgang unter dem Motto „Wenn man die Macht nicht sieht, dann ist sie nicht da" traf mit den Prinzipien der Demokratie zusammen, die ja eine neue Einstellung zur Macht postulierten. Durch diese Unsicherheit entstand ein Umfeld, in dem sich der Schleier der Tabuisierung über das Machtthema breitete.

So hieß folgerichtig auch eine der Parolen der 1968er-Bewegung: „Keine Macht für Niemand". Trotz revolutionären Gehabes und markiger Sprüche wurde das Machtthema ausgeblendet, und wer es zur Sprache brachte, war von vornherein suspekt. In der Pädagogik galten Laissez-Faire und antiautoritäre Erziehung als das Nonplusultra, in alternativen Unternehmen wurde mit den Möglichkeiten der kollektiven Führung experimentiert, neue politische Bewegungen praktizierten das Rotationsprinzip und die Basisdemokratie, denn Chef zu sein war ganz allgemein keine Position, die man offen anstrebte – man ließ sich eher „berufen" oder wählen.

Die Tabuisierung des Machtthemas zeigte sich auch in der Sprache. Sie wurde sukzessive von allen Ausdrücken „gesäubert", die an die vormaligen Machtstrukturen erinnerten. So wurden etwa die militarisierten Begriffe im Management entschärft: Politisch korrekt sagt man nicht mehr Manöverkritik, sondern Prozessanalyse. Man steht nicht mehr an der Front, sondern aktiv im Geschehen. Der Wahlkampf wird zum Wahlszenario und Mitarbeiter werden nicht mehr gefeuert, sondern freigesetzt. Alle diese Redewendungen sollen suggerieren, dass es sich hier um partnerschaftliche Prozesse handelt. Doch der Schein trügt: Mit geringen nationalen Unterschieden prägt heute eine Mischung aus Sicherheit und Orientierungslosigkeit die Einstellung der Menschen in den westlichen Demokratien: Die Sicherheit entsteht durch das Gefühl der Kontrolle und die Orientierungslosigkeit durch die Tabuisierung der Macht. Die Bevölkerung als eigentlicher Souverän besitzt kein Wissen über die Mechanismen der Macht und hat außer der Teilnahme an allgemeinen Wahlen nur wenig Möglichkeiten, aktiv damit umzugehen.

Auch die Bevölkerung in den Ländern des ehemaligen Ostblocks erlebte sich in ihrem System nicht als besonders mächtig, nachdem die Diktatur des Proletariats zur Schreckensherrschaft Stalins ausgeartet war. Der „wahre Sozialismus" wurde in keinem Land verwirklicht, und spätestens seit dem Fall des Eisernen Vorhanges wurde der Kommunismus als gescheitert betrachtet. Sein Konzept für einen neuen Umgang mit der Macht scheint nicht realisierbar zu sein, wodurch die Bestrebungen der USA, die Demokratisierung nach ihren Vorstellungen auf der ganzen Welt durchzusetzen, Verstärkung erhielten. Die westlichen Demokratien betrachteten sich als das siegreiche System. Solange es keine allzu negativen Auswirkungen und keinem offenen Machtmissbrauch zu geben schien, sahen die Menschen auch keine Veranlassung, dem zu widersprechen oder sich um eine aktivere Teilhabe zu bemühen. Politikverdrossenheit und sinkende Wahlbeteiligung waren deutliche Anzeichen dafür.

Die Macht verschwindet nicht

Die letzten Jahrzehnte waren von einer Sprachlosigkeit gegenüber der Macht gekennzeichnet, in der die Hoffnung mitschwang, diese ganz zum Verschwinden bringen zu können. Doch die Macht löst sich nicht einfach in Nichts auf, weil keiner sie haben will. Wenn sie tabuisiert wird, verschwindet sie zwar für einige Zeit in der Versenkung, verlagert sich aber dann auf eine andere Ebene. Zumal den negativen Aspekten der Macht durch Verleugnung nicht beizukommen ist, denn auch dem Missbrauch sind im Untergrund Tür und Tor geöffnet. Dieser tritt dann eher verschleiert auf und ist dadurch noch schwerer zu erkennen. In Diskussionen über die Macht wird immer wieder auf die Gefahr hingewiesen, die in ihrer Thematisierung steckt. Menschen, die im Besitz der Macht sind, fürchten Konkurrenz, und Skeptiker warnen vor einer Renaissance alter Machtstrukturen. Doch es bergen beide Wege – die Thematisierung wie die Tabuisierung – Gefahrenmomente in sich. Das Verharren im Tabu belässt die Macht im Untergrund und hält die Illusion partnerschaftlicher Verhältnisse aufrecht. Die Thematisierung und Erforschung bringt sicherlich Probleme mit sich. Sie eröffnet jedoch auch neue Sichtweisen und Handlungsspielräume für einen kompetenteren Umgang mit der Macht.

Doch warum bricht das Tabu gerade jetzt auf? Ein Tabu soll eine Gemeinschaft schützen, solange ihre Mitglieder nicht in der Lage sind, sich der Bewältigung eines Problems durch bewusste Handlungen zu stellen. Wenn die Macht in einer Gesellschaft in den Händen des Volkes und damit in der Verantwortung jedes Individuums liegen soll, dann ist eine Auflösung des Tabus notwendig und bietet damit die Möglichkeit für eine Auseinandersetzung auf breiter Basis. Die Zeit scheint reif, das Thema aus dem Untergrund zu heben und auf einer neuen Bewusstseinsebene damit umzugehen. Als im Jahr 2008 der Ausbruch der weltweiten Finanzkrise einer breiten Öffentlichkeit vor Augen führte, dass der radikalisierte Kapitalismus keineswegs so demokratisch und friedlich ist, wie es schien, wurde ein breiter Dialog über die Mechanismen der Macht in Gang gesetzt. Um die Entwürfe zur Kontrolle der Macht auf ihre Tauglichkeit zu überprüfen, sind die Menschen nun aufgefordert, sich mit ihrer Rolle als „Machthaber" in den demokratischen Systemen auseinanderzusetzen und aktiv einzugreifen. Jede/r Einzelne hat die Wahl und die Verantwortung, Entwicklungen rechtzeitig wahrzunehmen und sich selbst mit dem nötigen Wissen auszustatten, damit er / sie eine aktive Rolle bei der Gestaltung von politischen Prozessen spielen kann.

Anregungen zur Selbstreflexion

- ❏ Wie sehen Sie die Verteilung der politischen Macht im Staat, in dem Sie leben? Welche Gruppierung der Gesellschaft setzt ihre Interessen am stärksten durch, welche Gruppen agieren öffentlich und mit welchem Erfolg, und welche arbeiten im Hintergrund?
- ❏ Welche bestehende Staatsform geht Ihrer Meinung nach mit der Machtfrage am besten um?
- ❏ Wie müsste ein Staat, eine Verfassung aussehen, sodass Sie mit seinem / ihrem Verhältnis zur Macht zufrieden sind?
- ❏ In welchen Bereichen Ihres persönlichen Umfeldes erkennen Sie, dass die vorhandene Macht verschleiert wird?
- ❏ Was meinen Sie, aus welchen Gründen das im konkreten Fall geschieht?
- ❏ Gibt es Bereiche, in denen Sie selbst Ihre Macht nicht wahrhaben wollen, verdrängen, verschleiern oder verweigern?
- ❏ Aus welchen Gründen verhalten Sie sich so? Wovor haben Sie Angst, welche Vorteile bringt es Ihnen?
- ❏ Was würde geschehen, wenn Sie sich Ihr volles Machtpotenzial bewusst machten und dieses auch einsetzten, um Ihre Ziele zu erreichen?

Teil II

Mechanismen der Macht auf den Schauplätzen der Gesellschaft

„Die Macht ist nicht etwas, was man erwirbt, wegnimmt, teilt, was man bewahrt oder verliert; die Macht ist etwas, was sich von unzähligen Punkten aus und im Spiel ungleicher und beweglicher Beziehungen vollzieht."

Michel Foucault: „Mikrophysik der Macht"

1. Kapitel

Was ist Macht?

Was meinen wir überhaupt, wenn wir von Macht sprechen? Welche gemeinsame Definition kann so unterschiedliche Themen wie die Macht der Medien, die Staatsgewalt, die Privilegien der Prominenz oder die Waffen einer Frau miteinander verbinden? Heute wird „Macht" in der Alltagssprache mit einer Reihe von anderen Wörtern sinnverwandt gebraucht, wie Kraft, Stärke oder Einfluss. Diese werden oft nicht klar unterschieden, sondern beinahe beliebig eingesetzt. Der Begriff „Macht" hat in der deutschen Sprache – so die wissenschaftliche Erklärung – seine Wurzel in dem Zeitwort „vermögen", das in der Bedeutung von „können" zu verstehen ist. Macht haben bedeutet also, über die *Möglichkeit* zum Handeln zu verfügen. Entgegen vielen Behauptungen kommt „Macht" also nicht von „machen", sondern von „können". Offensichtlich gehört zum Themenkreis der Macht mehr, als bloß „etwas zu tun". Doch was steckt wirklich hinter diesem weitreichenden und schillernden Begriff?

Die wissenschaftliche Literatur liefert zum Machtthema nicht viel Material, das auch im Alltag hilfreich wäre. Autoren, die sich mit Definitionen des Machtbegriffes beschäftigen, beziehen sich meist auf Teilbereiche und betonen bestimmte Aspekte des Phänomens. Die einen betrachten die Wirkung von institutioneller

53

Macht, andere die unterschiedlichen Herrschaftsformen und wieder andere die Wurzeln der Gewalt oder Techniken der Manipulation. An den Universitäten wird das Machtthema in verschiedenen Disziplinen behandelt: bei den Historikern, in der Soziologie, der Politologie, der Psychologie, der Pädagogik, in den Rechts-, Kommunikations-, Religions- und Sprachwissenschaften. Macht ist ein umfassendes, grundlegendes Thema der Menschheit, vergleichbar mit den Bereichen „Friede" oder „Liebe".

Ein Blick auf die gängigen Definitionen zeigt die unterschiedlichen Ansätze: Niccolò Machiavelli („Der Fürst"), ein Staatsmann und Geschichtsschreiber aus dem 16. Jahrhundert, sieht in der Macht vor allem eine politische Kategorie, die nicht nur ein Mittel, sondern auch Ziel des Handelns ist. „Die Hauptobliegenheit eines jeden Fürsten ist, sich vor Hass oder Geringschätzung zu hüten". Der deutsche Philosoph Friedrich Nietzsche hat mit seinen Schriften „Der Wille zur Macht" diese zur Grundausstattung des Menschen gezählt und sie damit in die Nähe der Psychologie gerückt. Max Weber, ein deutscher Soziologe („Wirtschaft und Gesellschaft"), streicht die Bedeutung des Willens hervor, ohne seine Definition gegenüber der Gewalt abzugrenzen: „Macht bedeutet jede Chance, innerhalb einer sozialen Beziehung den eigenen Willen auch gegen Widerstreben durchzusetzen, gleichviel worauf diese Chance beruht", während die deutsch-amerikanische Politologin Hannah Arendt („Über die Revolution") Macht vorrangig unter dem Aspekt der Verantwortung und der Gemeinschaft betrachtet. Nach ihrer Definition entspricht Macht „der menschlichen Fähigkeit, nicht nur zu handeln oder etwas zu tun, sondern sich mit anderen zusammenzuschließen und im Einvernehmen mit ihnen zu handeln." Und: „Wird eine Person mit Macht ausgestattet, geht sie damit eine Verpflichtung gegenüber denjenigen ein, in deren Namen sie handelt." Niklas Luhmann postuliert, „Macht kann nicht auf Konsens beruhen" und „Würde Einverständnishandeln ausreichen, wären besondere Vorkehrungen für die Bildung und Reproduktion politischer Macht unnötig" („Die Politik der Gesellschaft" und „Macht"). Michel Foucault entwirft das Konzept der strategischen-produktiven Machtvorstellung. Macht wird dabei nicht von einer gesellschaftlichen Instanz (sei sie Individuum oder Gruppe) besessen und ausgeübt, sie existiert im heterogenen Verhältnis der Instanzen (also zwischen Herrscher und Beherrschtem beispielsweise). Machtbeziehungen sind überall da, wo es Gesellschaft gibt („Analytik der Macht" / „Mikrophysik der Macht" / „Botschaften der Macht"). Für Pierre Bourdieu ist „symbolische Macht die Macht, Dinge mit Wörtern zu schaffen." Und: „Der Kampf der und um Klassifikationen ist eine grundlegende Dimension des Klassenkampfes. Eine Sicht der Trennungen und Gliederungen erfolgreich durchsetzen zu können, (...) stellt die politische Macht par excellence dar: die Macht, Gruppen zu schaffen, die objektive Struktur der Gesellschaft zu manipulieren" („Sozialer Raum und symbolische Macht"). Den Schriftsteller Elias Canetti beschäftigten die Phänomene von „Masse und Macht", wobei er mehr Aufmerksamkeit der Massenpsychologie widmet als der Macht selbst. Ganz profan sieht hingegen der Romancier Oscar Wilde die Sache: „Macht ist die einzige Lust, derer man nicht müde wird".

Die Definition

Das Machtthema gewinnt in unserer Zeit nicht nur für die Wissenschaft, sondern für den einzelnen Menschen in seinen privaten, beruflichen und politischen Auseinandersetzungen an Bedeutung. In der vorliegenden Machttheorie wird daher das Individuum in den Mittelpunkt gerückt und der Machtbegriff auf das Wesentliche reduziert, ohne zugleich moralische Bewertungen vorzunehmen. Die beiden bestimmenden Elemente der Definition in unserem Modell sind *Wille* und *Widerstand*. „Macht ist das Vermögen, einen Willen gegen einen Widerstand durchzusetzen."

Das bedeutet, dass Macht dann gebraucht wird, wenn sich bei der Verfolgung eines Zieles ein Widerstand entgegenstellt oder entgegenstellen könnte, wenn also ein Interessenkonflikt besteht. Man kann sich jetzt fragen, warum nur bei einem Widerstand von Macht die Rede sein sollte. Ist denn nicht auch Macht im Spiel, wenn man etwas gestalten oder strukturieren will? Macht wird sehr häufig so breit definiert, doch diese allgemeine Sichtweise dient eher der Verschleierung. Es wäre für eine Bewusstseinsbildung weder sinnvoll noch förderlich, wenn der Machtbegriff einer Inflation unterworfen, und alles und jedes, was jemand tut, als Macht bezeichnet würde. Zum Gestalten reichen Eigenschaften wie Kraft, Ausdauer oder Kreativität, wenn niemand einen daran hindern möchte. Man kann ein Bild malen, eine Mahlzeit bereiten, ein Auto reparieren, mit Freunden spazieren gehen – dazu wird noch keine „Macht" gebraucht. Erst wenn andere Interessen sich gegen die eigenen stellen, benötigt man Macht, um sein Ziel erreichen zu können.

Definition

„Macht ist das Vermögen,
einen Willen gegen einen Widerstand durchzusetzen."
M = W & W

Der Ursprung der Macht

Woher kommt der Wille, für dessen Durchsetzung wir Macht brauchen? Alles was der Mensch will – von den täglichen Kleinigkeiten bis zum großen Lebensplan – lässt sich auf Triebe oder Bedürfnisse zurückführen. Dazu zählen Grundbedürfnisse wie Nahrung, Schlafen oder Fortpflanzung und psychische Bedürfnisse nach Sicherheit, Anerkennung oder Selbstverwirklichung.

Diese erzeugen die grundsätzliche Antriebskraft für Aktionen, die der Befriedigung dienen. Manche daraus folgenden Handlungen geschehen unbewusst, andere durch einen bewussten Akt. Gelingt es uns, das Ziel zu erreichen, sind wir zufrieden und die Spannung lässt nach. Der Weg zur Befriedigung wird allerdings oft durch äußere Gegebenheiten und auch durch andere Menschen erschwert. Sie behindern uns, nehmen uns etwas weg oder zwingen uns, etwas anderes zu tun, als wir ursprünglich wollten. Dann befinden wir uns mitten in einem Interessenkonflikt. Die *einzige* Möglichkeit, die Befriedigung unserer Bedürfnisse trotz Widerstandes weiter zu betreiben, ist dann der Einsatz von Macht.

Diese Betrachtungsweise ist für viele ungewohnt, denn Macht wird häufig automatisch als Machtkampf verstanden. Daher kommen oft Einwände wie: „Das kann man doch ausdiskutieren", „Da muss man eben argumentieren und überzeugen", „Das kann man doch friedlich regeln". Das ist auch alles richtig, *aber* auch Diskutieren, Überzeugen oder Verhandeln sind bereits niedrigschwellige Formen der Machtausübung. Diese kann ja auch friedlich ablaufen und muss nicht von Anfang an mit Kampf zu tun haben. Durchsetzung muss keineswegs auf einen dramatischen Streit oder eine endlose Grundsatzdiskussion hinauslaufen. Der Konflikt kann in einer zivilisierten Debatte oder durch geschickte Verhandlung geklärt werden. Manchmal genügt auch das Heben einer Augenbraue, und der Gegner gibt seinen Widerstand auf. Der Kampf ist nur eine von vielen Möglichkeiten, die zum Einsatz gebracht werden können.

Der machtfreie Raum

Kann man daraus schließen, dass Macht in allen Interaktionen vorhanden ist? Dieser Gedanke erzeugt einigen Stress. Doch zum Glück treten auch Situationen auf, in denen keine Macht gebraucht wird. Stellen wir uns folgende Alltagssituation vor: Jemand möchte mit dem Freund, der Freundin ins Kino gehen. Ist diese/r einverstanden, gibt es einen Willen, aber keinen Widerstand. Einer will ins Kino gehen, er teilt seinen Wunsch mit, der andere ist einverstanden – eine Machtausübung ist daher nicht notwendig. Situationen, in denen Macht kein Thema ist, wo alles läuft wie geplant, bezeichnen wir als *machtfreie Räume*. Die meisten Menschen sehnen sich nach diesem Zustand, so stellen sie sich das Paradies vor. In guten persönlichen Beziehungen ist die Chance, dass machtfreie Räume entstehen, relativ hoch. Doch stellen wir uns Konflikte in der Politik oder der Wirtschaft vor, so sehen wir, dass der machtfreie Raum umso seltener möglich wird, je komplexer und wettbewerbsorientierter ein System ist.

Der machtfreie Raum beschreibt keineswegs einen Dauerzustand oder eine stabile Situation. Wenn der Partner den Wunsch nach dem gemeinsamen Kinobesuch ablehnend beantwortet, stellt sich die Frage: Gehen die beiden doch ins Kino, geht einer allein ins Kino oder bleiben sie beide zu Hause? Das Resultat ist auf jeden Fall das Ergebnis einer Auseinandersetzung, bei der in irgendeiner Form Macht im Spiel war. Auch wenn vielleicht mancher behauptet, in seiner Partnerschaft, in seiner Abteilung oder in seinem Verein gäbe es keine Machtspiele, so sind das keine machtfreien Räume auf Dauer. Die harmonischen Phasen, in denen alle Beteiligten einer Meinung sind, halten meist nicht lange an, denn wenn die ersten Gegenstimmen auftreten, müssen wieder Machtinstrumente eingesetzt werden. Man sollte sich also keiner falschen Hoffnung hingeben, denn immer wenn man etwas erreichen will, kann sich jemand dagegenstellen. Dann wird aus einer einfachen Situation ein Konflikt, und damit werden auch Machtmechanismen wirksam.

Wird der machtfreie Raum durch einen Widerstand beendet, wird jede Handlung Teil einer Durchsetzungsstrategie. Die meisten Menschen sind allerdings traurig und enttäuscht, wenn eine harmonische Phase zu Ende geht und unterschiedliche Interessen auftreten. Würden wir jedoch über mehr Macht-Kompetenz verfügen, wären wir auch in der Lage, diesen Wechsel zwischen *machtfreien Räumen* und *Machtausübung* bewusster zu gestalten, weniger anstrengende Aktionen zu liefern und rascher wieder zur Versöhnung zu kommen.

> Der machtfreie Raum
> ist eine zeitlich begrenzte Situation,
> in der einem Willen kein Widerstand entgegengesetzt wird.

Interessenkonflikte

Wille und Widerstand können sich auf unterschiedliche Weise manifestieren. Es macht für das Gewissen, die persönliche ethische Instanz, einen entscheidenden Unterschied, welche Art von Interessenkonflikten uns erwartet: ob wir zum Beispiel einen Konkurrenten im Kampf um einen Job besiegen oder ob wir einen „rechtmäßigen" Eigentümer verdrängen wollen, ob unser Sieg zu einer Trennung führen könnte, ob wir uns verteidigen oder selbst der Angreifer sind. Klarheit darüber dient der Orientierung im eigenen Wertesystem und gibt Aufschluss über Motive und Strategien des Gegners.

Konkurrenz

Zwei oder mehrere Personen wollen etwas, das noch niemandem gehört. Zwei Frauen umwerben denselben ungebundenen Mann. Mehrere Headhunter bemühen sich für ein Unternehmen um denselben IT-Spezialisten, der eben frei geworden ist, Sportler kämpfen um die Goldmedaille, Kleinkinder in der Sandkiste streiten, weil sie in derselben Grube graben wollen. Dabei geht es immer um Konkurrenz, um Sieg oder Niederlage – oder um einen Kompromiss. Es gibt ein einziges Objekt der Begierde (C) und zwei Personen oder Gruppen, A und B, die es begehren.

```
┌─────────────────────────────────────────┐
│              Konkurrenz                    │
│                                            │
│           (A) ──▶ C ◀── (B)               │
└─────────────────────────────────────────┘
```

Begehren

Jemand möchte etwas, das bereits jemand anderem gehört. Zum Beispiel bemüht sich eine Partei A darum, die Wählerstimmen von Partei B zu bekommen, Mann A wirbt um die Frau von Mann B, eine Firma A kämpft um die Kunden oder Aktionäre von Firma B. In diesen Fällen wird A Angriffsstrategien entwickeln und B muss zu Strategien der Verteidigung greifen oder das Feld räumen – es gelten andere Gesetzmäßigkeiten als bei der Konkurrenzsituation. Dort ist das begehrte Objekt frei, und beide Bewerber wollen es für sich gewinnen. Hier soll aber ein Objekt erobert werden, das bereits jemand anderem gehört, und man muss sich erst die „Erlaubnis" geben, jemand anderem etwas wegzunehmen, etwas zu entreißen.

```
┌─────────────────────────────────────────┐
│               Begehren                     │
│                                            │
│           (A) ──▶ (C/B)                   │
└─────────────────────────────────────────┘
```

Dissens

In diesem Fall sind zwei (oder mehrere) Personen miteinander durch ein gemeinsames Ziel verbunden. Doch nun will jeder etwas anderes. Es möchte etwa Ehepartner (A) nach Italien auf Urlaub fahren und der andere (B) nach Schottland, in einer Firma plant der eine Geschäftsführer eine Auslandsfiliale zu eröffnen, der andere würde lieber Einsparungsmaßnahmen durchsetzen. Wurde bisher gemeinsam an einem Strang gezogen, wollen A und B nun etwas Verschiedenes, sie wenden sich unterschiedlichen Objekten (C/C) der Begierde zu. In diesem Interessenkonflikt ist die Verbindung zwischen A und B gefährdet. Wenn einer nun allein seinen Willen gegen den Widerstand des anderen durchsetzt, kommt es zur Trennung oder zur Unterwerfung.

Dissens

C ⟵ (A/B) ⟶ C

Dilemma

Interessenkonflikte gibt es auch innerhalb einer Person. Hier geht es um die Macht über sich selbst. A und B können gewissermaßen in einer einzigen Person existieren und durchaus unterschiedliche Interessen verfolgen – frei nach dem Spruch des österreichischen Satirikers Johann N. Nestroy: „Wer gewinnt, ich oder ich?" Wenn zum Beispiel ein Teil in uns mit dem Rauchen aufhören möchte, weil es ungesund ist, der andere Teil aber rauchen möchte, weil es Genuss bedeutet, kommt es zu einem inneren Konflikt. Oft stellen wir uns dann die berechtigte Frage, wer eigentlich die Macht über das eigene Verhalten hat. Warum rauchen wir, wenn wir es doch eigentlich nicht wollen? Für diese inneren Machtkämpfe gelten dieselben Durchsetzungs- und Abwehrstrategien wie für Auseinandersetzungen mit einem Gegner in der Außenwelt. Sie werden in einem inneren Dialog – oder Kampf – entschieden.

Verantwortung – die Legitimation der Macht

Macht haben bedeutet, sich im Falle eines Widerstandes durchsetzen zu können. Soll Macht jedoch kultiviert und maßvoll zum Einsatz kommen, stellt sich die Frage, wer seinen Willen überhaupt äußern *darf*. Dabei handelt es sich um die sogenannte „Kaiserfrage", weil angeblich Kaiser Ferdinand der Gütige anlässlich eines Aufstandes in den Straßen von Wien zu einem Berater sagte: „Ja, dürfen's denn das?" Die Bewertung von Handlungen bei Interessenkonflikten ist nicht einfach. Woher beziehen Menschen ihre Berechtigung, eine Rebellion anzuzetteln? Nach dem Gesetz ist diese verboten, dennoch fühlen manche sich dazu befugt. Um Machtansprüche zu beurteilen, hilft die eigene Sympathie oder Antipathie für die Motive der Beteiligten nicht weiter. Es geht nicht darum, was jemand persönlich für gut oder schlecht erachtet, es geht auch nicht darum, wer „recht" hat, sondern wessen Ansprüche wie legitimiert sind.

Die Beurteilung richtet sich nach Kriterien, die über die persönlichen Erfahrungen der Beteiligten hinausreichen, und bewertet zwei Dimensionen: die *äußere Legitimation* und die *innere Legitimation*. Gesetze und Normen bestimmen den Rahmen für die äußere Legitimation. Sie geben Aufschluss darüber, ob etwas *legal* ist. Handlungen ohne äußere Legitimation sind als Machtmissbrauch zu beurteilen. So legitimiert zum Beispiel das verliehene Amt den Polizisten unter gewissen Umständen zum Gebrauch der Dienstwaffe. Setzt er diese jedoch ohne triftigen Grund ein, so wird er zur Verantwortung gezogen. Die innere Legitimation wird durch das eigene Wertesystem, das Gewissen bestimmt. Die persönliche Ethik kann auch Handlungen legitimieren, die durch das geltende Recht nicht gedeckt sind, sie sind dann nicht legal, wohl aber *legitim*. Nehmen wir an, jemand führt seinen Freund, der sich ein Bein gebrochen hat, mit dem Privatauto ins Krankenhaus. Er fährt mit überhöhter Geschwindigkeit und wird von einer Polizeistreife angehalten.

Seine Handlung ist nicht legal, wohl aber ethisch berechtigt. Daher ist die Wahrscheinlichkeit sehr hoch, dass seine innere Legitimation akzeptiert wird, dass er nicht nur kein Strafmandat bekommt, sondern sogar mit Blaulicht ins Krankenhaus eskortiert wird.

Mit der Übernahme einer Position ist auch ein gewisser Rahmen zur Ausübung von Macht verbunden. Handlungen, die mit diesem Auftrag ausgeführt werden, sind äußerlich legitimiert. So dürfen beispielsweise Manager Mitarbeiter einstellen und auch wieder abbauen, Richter dürfen Freiheitsstrafen verhängen, Soldaten an der Front dürfen (müssen) töten. Wird diese verliehene Macht jedoch nicht durch die eigenen Werte, die innere Legitimation unterstützt, empfindet man sein eigenes Verhalten als unethisch – es entstehen Gewissenskonflikte. Diese kosten Kraft, reduzieren die Effizienz, führen mitunter zur Aufgabe des Jobs oder belasten auf längere Zeit den Funktionsinhaber bis hin zur Krankheit. Manche Menschen ziehen ihre innere Legitimation der äußeren vor, auch wenn sie diese Einstellung in Extremsituationen selbst in Gefahr bringt: Der Kriegsdienstverweigerer, der die äußerlich legitimierte Macht zu töten nicht ausüben will, riskiert sein eigenes Leben. Eine Managerin, die es nicht schafft, ihre langjährigen Mitarbeiter zu entlassen, setzt dadurch ihre eigene Karriere aufs Spiel. Ein Firmenchef, der sich weigert, aus wirtschaftlichen Zwängen einige Filialen zuzusperren, weil er an dem Geschäft hängt, das sein Vater aufgebaut hat, gefährdet die gesamte Firma. Rebellen, die ein korruptes Regime stürzen wollen, müssen damit rechnen, ihren Kampf mit dem Gefängnis oder mit dem Leben zu bezahlen.

Es gibt auch Situationen, wo keine äußere Legitimation für den Einsatz von Macht besteht. In Ländern, in denen zum Beispiel nach dem Zusammenbruch des Systems keine Rechts- oder Normenstruktur existiert, ist der Mensch auf sich allein angewiesen. Er muss dann aufgrund seines eigenen Gewissens entscheiden, wie er sein Handeln legitimiert.

Spannungen zwischen innerer und äußerer Legitimation setzen Menschen unter starken Druck, der über längere Zeit zu körperlichen und seelischen Krankheiten führt. Wenn man sich erfolgreich durchsetzen oder verteidigen will, braucht man Klarheit über den Zweck des Handelns, das Wissen über den rechtlichen Rahmen und die geltenden Normen sowie ein persönliches Wertesystem, an dem man sich orientieren kann. Je mehr die innere und äußere Legitimation zur Deckung gebracht werden, umso geringer ist der Kraftaufwand und umso überschaubarer das Risiko.

Mit der Ausübung von Macht ist der Begriff der *Verantwortung* eng verbunden. „Verantwortung übernehmen" wird im Alltag oft vereinfachend gebraucht, im Sinne von „eine Aufgabe übernehmen". Doch gemeinsam mit der Aufgabe wird auch ein Machtpotenzial übertragen, und dann bedeutet Verantwortung, dass die eigenen Handlungen und auch Unterlassungen vor sich selbst und anderen vertreten und erklärt werden müssen. Obwohl viele Menschen Macht und Verantwortung gleichsetzen, existieren diese Begriffe durchaus auch unabhängig voneinander. Menschen können Macht ohne Verantwortung haben, dann umgehen sie die Frage der Legitimation. Manche glauben, Verantwortung ohne Macht zu haben, dann erliegen sie einer Fehleinschätzung des Machtbegriffes oder unterschätzen ihre Möglichkeiten.

Obwohl es oft so aussieht, als würde sich das Machtstreben verselbstständigen, weil man mit den Mitteln der Macht immer noch mehr Macht erwerben kann, bleibt Macht doch jeweils nur ein *Mittel*, um ein Ziel gegen einen Widerstand zu erreichen. Der „Wille zur Macht" kann unter diesem Blickwinkel nicht als eigenständiger Trieb gelten, obwohl sich oft genug beobachten lässt, wie Menschen danach trachten, ihre Machtfülle ständig zu vergrößern. Doch dieses Streben ist kein Selbstzweck. Das ursprüngliche, dahinterliegende Ziel, das mit dieser Macht erreicht werden soll, lässt sich immer ausfindig machen. Wenn Mächtige ihre

Macht erhalten und vermehren wollen, dann gibt es dafür stets einen guten Grund. Die Frage muss also lauten: Wozu braucht jemand Macht? Welche Interessen verfolgt er mit dem Einsatz von Macht? Nicht die Menge der Macht, sondern die Ziele sind entscheidend für die ethische Bewertung.

> Die Legitimation der Machtausübung
> erfolgt auf zwei Ebenen:
> Die äußere Legitimation ist eine Instanz der Gesellschaft,
> sie ist durch Gesetze und Normen repräsentiert.
> Die innere Legitimation leitet sich vom
> individuellen Wertesystem,
> der persönlichen Ethik, dem Gewissen ab.
>
> Verantwortung ist der Nachweis der Legitimation vor sich
> selbst und vor anderen

Anregungen zur Selbstreflexion

❏ Was ist Macht?
Zur Präzisierung Ihrer eigenen Meinung zum Machtthema stellen Sie sich vor, Sie müssten im Fernsehen bei einer Diskussion auftreten. Bereiten Sie ein Statement vor, in dem Sie mit Ihren eigenen Worten beschreiben, was Sie unter Macht verstehen.
❏ Der Ursprung der Macht
Hier finden Sie eine Aufstellung von Bedürfnissen als Arbeitsgrundlage für die nächste Übung.

Bedürfnisse

Körper
• Fortpflanzung: Sex/„Brutpflege"
• Nahrung: besorgen/zubereiten

- Behausung: errichten / instand halten / pflegen
- Kleidung: Rohstoffe besorgen / herstellen / pflegen
- Gesundheit: heilen / Körperpflege, Regeneration
- Schutz vor Feinden: vorsorgen / verteidigen

Psyche
- Zuwendung / Liebe: Wärme, Nähe, Vertrauen, Respekt, Erotik
- Abgrenzung / Kampf: Durchsetzung, Verteidigung, Rangordnung
- Sicherheit: Bekanntheit, Kontinuität, Berechenbarkeit
- Veränderung: Neugier, Herausforderung, Risiko, Abenteuer
- Kompetenz: Forschung, Wissen, Können, Erfahrung
- Selbstverwirklichung: Berufung, Lebensaufgabe
- Transzendenz / Spiritualität: Bewusstsein, Glaube, Auseinandersetzung mit dem Tod

❑ Ziele konkretisieren: Was will ich?
Wählen Sie ein für Sie zurzeit wichtiges berufliches Ziel. Arbeiten Sie an der Formulierung. Diese ist wesentlich, denn sie beeinflusst die innere Haltung.
Ziel:
Spezifizieren (Was genau?)
Quantifizieren (Wie viel?)
Qualifizieren (Welche Qualitäten, Wie?)
Personalisieren (Wer mit wem?)
Terminisieren (Bis wann?)

❑ Interessenkonflikte
– Können Sie ein angestrebtes Ziel weiterverfolgen, auch wenn Sie bemerken, dass noch jemand anderer es anstrebt? Wo sind Ihre ethischen Grenzen in einem Konkurrenzkampf? Wie weit würden Sie gehen?
– Können Sie Ihr Machtpotenzial aktivieren, um jemand anderem etwas abzujagen? Wo sind Ihre ethischen Grenzen in einem Verdrängungswettkampf?

- Können Sie Ihr Machtpotenzial aktivieren, um sich zu verteidigen, wenn Ihnen jemand anderer etwas wegnehmen möchte? Wo sind Ihre ethischen Grenzen in einem Verteidigungskampf?
- Unter welchen Umständen würden Sie den Zusammenhalt eines Systems (Ehe, Firma, Verein, Gruppe oder Ähnliches) gefährden, um Ihre eigenen Interessen durchzusetzen? Wo ist Ihre ethische Grenze in einem Spannungsfeld zwischen Individuum und Gemeinschaft?
- Welche „Teile" Ihrer Persönlichkeit haben Macht über andere „Teile" (Süchte wie Rauchen oder Essen, obwohl man es nicht will, ungewollte Gefühlsausbrüche wie Eifersucht, Jähzorn oder Verzweiflung)? Wo ist Ihre ethische Grenze in der Disziplinierung Ihrer eigenen Person? Was würden Sie sich selbst nicht antun?

❏ Der machtfreie Raum
Überlegen Sie, in welchen Beziehungen Sie häufig machtfreie Räume erleben. Wo gibt es viele gemeinsame Interessen und wenig Anlass, sich abzugrenzen oder durchzusetzen?

2. Kapitel
Autonome Ethik als Orientierung

Woran soll sich der Einzelne in einer sich rasch verändernden, pluralistischen Welt auf der Suche nach dem „richtigen" Verhalten orientieren? Die Werte der Kindheit haben vielleicht keine Gültigkeit mehr, denn sie stammen aus einer anderen Zeit. In unserer Gesellschaft existieren viele Lebensentwürfe und Ideologien nebeneinander, weil die Grundregeln für „sittliches Verhalten" nicht so allgemein gültig sind, wie das von der Morallehre lange Zeit angenommen worden ist. Traditionelle Institutionen wie Religionen oder politische Ideologien verlieren kontinuierlich an Bedeutung. Durch die Internationalisierung der Arbeitswelt, die Vielfalt der Medien und auch durch Urlaubsreisen erhalten breite Schichten der Bevölkerung Einblicke in andere Kulturen und ihre Wertewelten. Gut und Böse werden zunehmend relativ, denn was in einer Gesellschaft als erstrebenswert gilt, wird in einer anderen bestraft. Konnten sich die Menschen früher von den weitgehend einheitlichen moralischen Normen ihrer Gesellschaft leiten lassen, müssen sie heute vieles aus sich heraus entscheiden. Darauf sind allerdings die wenigsten vorbereitet, und es bedarf einer bewussten Anstrengung, eine „innere ethische Instanz" zu errichten, um in einer komplexen Welt rasche Entscheidungen treffen zu können, ohne die eigenen Werte zu verraten. Das Modell der „*Autonomen Ethik*"© soll Anleitungen für den Umgang mit Gewissenskonflikten, für die innere Legitimation von Machtansprüchen bieten.

Sowohl Individuen als auch Gesellschaften oder Gruppen erleben immer wieder Zerreißproben zwischen widersprüchlichen Bestrebungen wie Sicherheit oder Freiheit, Kontrolle oder Vertrauen, Karriere oder Kinder, Genuss oder Gesundheit, Leistung oder Muße und Ähnliches. Im Berufsleben werden Fragen aufgeworfen wie: Soll man seine Ideen preisgeben oder soll man sie lieber für sich behalten? Soll man den Äußerungen des Kollegen Glauben schenken oder soll man sie lieber kontrollieren? Soll man bei einer Grippe zu Hause bleiben oder die Kollegen nicht im Stich lassen? Meist versuchen die Menschen einem solchen Dilemma zu entkommen, indem sie um eine grundsätzliche Entscheidung ringen: entweder – oder. Sie sammeln Argumente für die eine und für die andere Seite, verfassen Plus-Minus-Listen, reden mit Freunden oder suchen Berater auf, um dieser Entweder-oder-Falle zu entkommen.

Um die Wahl zu erleichtern und Orientierung zu bieten, lieferten Gesellschaft und Religion über viele Jahrhunderte die entsprechenden allgemein gültigen Normen. Diese folgten dem Prinzip von Gut und Böse: Von zwei an sich gleichwertigen positiven Gegensätzen, wie zum Beispiel Sicherheit oder Freiheit, wird einer abgewertet. Er wird dämonisiert, zur Sünde erklärt. In diesem Fall gilt beispielsweise Freiheit nicht mehr als ein Ideal, sondern als Gefahr, weil sie Familie und Staat zersetzen könnte. Das Streben nach Sicherheit hingegen wird zur Tugend erhoben. Ehestand, Besitzerwerb und Anpassung werden zu erstrebenswerten und gesellschaftlich anerkannten Werten erklärt, während Risikofreudigkeit, Spontaneität oder Kreativität gering geschätzt oder als Bindungsangst interpretiert werden. In solchen Systemen landen Menschen, die mit ihrem Freiheitsstreben die Toleranzschwelle einer Gesellschaft überschreiten, am Kreuz, bekommen den Schierlingsbecher oder landen auf dem Scheiterhaufen.

Bevor wir nun selbst in die Denkfalle tappen und uns mit Freiheitskämpfern und Freigeistern identifizieren, ehe wir die positiven Seiten der Selbstverwirklichung zu einem absoluten positiven Wert erklären und die Kleinbürger mit ihrem Sicherheitsstreben oder die Verwaltung mit ihrer Bürokratie verdammen, sollten wir innehalten und die Gegenprobe machen: Streben wir nicht auch selbst immer wieder nach Sicherheit und lehnen zu viel Freiheitsstreben ab? Werte stehen zueinander immer in einer dialektischen Beziehung, sie bilden Gegenpole der Extreme mit einer fließenden Skala dazwischen. Man kann sich nicht zu einem Pol bewegen, ohne sich vom anderen zu entfernen. Heute geraten Gesellschaften wie auch Individuen mit einer rigiden Definition von Gut und Böse in die Sackgasse. Die grundsätzliche und andauernde Ablehnung der Werte von Andersdenkenden führt auf der gesellschaftlichen Ebene zu Krieg und Terror. Auf der individuellen Ebene kommt es zu Konflikten mit sich selbst und mit den anderen. Wenn man gewaltfreiere Kommunikation anstrebt – und zwar auf allen Ebenen: privat, beruflich und gesellschaftlich –, dann ist im Bereich der ethischen Entwicklung ein nächster Evolutionsschritt notwendig.

Vom Instinkt zur freien Wahl

Die Entwicklung der Autonomen Ethik, einer inneren Instanz, die dem Individuum eigenständige Entscheidungen in ethischen Fragen ermöglicht, erfolgt in drei Etappen vom Reflex über die Moral zur freien Wahl:

1. Der Urzustand: Instinkt und Reflex
2. Der Basiszustand: Erziehung und Moral
3. Der Quantensprung: Wahlfreiheit und Autonome Ethik

1. Der Urzustand: Instinkt und Reflex

Der Urzustand ist bei Menschen und Tieren sehr ähnlich: Wenn ein Hund in der Wiese ein Stück Wurst findet, so ist sein erster Impuls, es fressen zu wollen. Sehen wir ein erotisches Bild, so weiten sich unsere Pupillen. Macht uns etwas Angst, bekommen wir eine Gänsehaut. Reflexe, die sich aus Grundbedürfnissen (oder Trieben) des Überlebens wie Nahrung, Fortpflanzung oder Regeneration ableiten, laufen unbewusst (über das vegetative Nervensystem) ab. Sie sind artbedingt und angeboren. Nur in manchen Bereichen ermöglicht bei den höheren Säugetieren und besonders beim Menschen die Anpassung an spezielle Lebensumstände eine Veränderung durch Lernen.

2. Der Basiszustand: Erziehung und Moral

Auf dem Basiszustand baut die Integration des Individuums in die Gemeinschaft auf. Es kostet Eltern, Lehrer und Erzieher einige Mühe, die reflexhaften Reaktionen der Kinder zu zähmen und durch gesellschaftlich akzeptiertes Verhalten zu ersetzen. Das Kind lernt durch Erziehung und durch Vorbild, was es in seinem Umfeld, in der Gemeinschaft, in der Gesellschaft darf und was nicht. Es wird veranlasst, zwischen Tugend und Sünde, zwischen dem Status eines angesehenen Mitglieds der Gemeinschaft oder eines Außenseiters zu wählen. Der Mensch wird auf dieser Ebene von der Moral bestimmt und von der Aussicht auf Belohnung und Strafe gesteuert. Regeln und Normen ermöglichen Orientierung und ein ruhiges Gewissen, wenn man sich daran hält. Moralische Kategorien dienen der Beurteilung von Handlungen im zwischenmenschlichen Bereich, der Gestaltung von Beziehung und Gemeinschaft. Sie regeln die Einstellung zur Nahrungsaufnahme (was rein oder unrein, gesund oder ungesund ist), den Standard der Körperpflege (wie und wie oft man sich zu waschen hat), Höflichkeitsnormen (Manieren und Rangordnungen), auf welche Weise Konflikte im Innenverhältnis der Gemeinschaft oder gegenüber Fremden beziehungsweise Feinden zu behandeln sind (Diskussionskultur, erlaubte Gewalt gegenüber Familienangehörigen, Blutrache oder Kriegshandwerk).

Anerzogene Verhaltensweisen sind kulturabhängig und können im Laufe des Lebens durch Erfahrung und Selbstreflexion weiterentwickelt und auch – wenngleich mit einiger Mühe – wieder verändert werden. Wenn ein anderes Verhalten genügend Aussicht auf Anerkennung verspricht oder ausreichend Angst macht, lässt der Hund schließlich doch von der Wurst ab und folgt seinem Frauchen. Um einen ursprünglichen Reflex zu überwinden und sich einem vorgegebenen Wertesystem anzupassen, muss das Individuum Kraft aufwenden. Dieser Prozess wird je nach Denkschule unterschiedlich bezeichnet: etwa als Zivilisationsprozess, als Sozialisierung oder als Selbstdisziplin. Ist ein solcher Anpassungsprozess einmal abgeschlossen, reagiert ein Erwachsener nicht mehr nur aus dem Reflex heraus und er muss auch nicht bei jeder Handlung erst nach einer Entscheidung suchen. Das „richtige" Verhalten erfolgt automatisch, er denkt nicht einmal darüber nach.

In diesem zweiten Stadium der ethischen Entwicklung herrscht in einer Gemeinschaft weitgehende Übereinstimmung darüber, was man unter Gut und Böse zu verstehen hat. Es besteht eine allgemein gültige Definition von erlaubtem und verbotenem Verhalten, und die Wahlfreiheit innerhalb einer Wertegemeinschaft ist eher gering. Man könnte die beiden ersten Stufen als Grundausstattung des Menschen (wie auch der höheren Säugetiere) bezeichnen, in einer – noch nicht geklärten – Mischung aus angeboren und anerzogen. Mit dieser Ausrüstung kann man ein gelungenes Leben als soziales Wesen in der wertekonsistenten Gesellschaft bestreiten.

3. Der Quantensprung: Wahlfreiheit und Autonome Ethik

In unserer pluralistischen, technologisierten und globalisierten Welt, die auf Eigenverantwortung setzt, werden dem Individuum allerdings wesentlich komplexere Entscheidungsprozesse abverlangt. Durch die Vielfalt an „Moralsystemen", die zur gleichen Zeit in ein und derselben Gesellschaft gelebt werden, verliert die absolute Zuordnung zu Gut und Böse an Bedeutung. Der Einzelne kann nicht automatisiert mit seinem anerzogenen Verhalten reagieren und dennoch halbwegs sicher sein, dass seine Handlungen angemessen sind. Wenn die gewohnten Normen nicht mehr gelten, gerät das Individuum unter Druck, ständig selbst wählen zu müssen. Wenn die Ebene der Moral nicht mehr wirksam ist, startet ein nächster Entwicklungsschub, der das Individuum in die Lage versetzt, seine Entscheidungen rasch an unterschiedliche Situationen anzupassen: Die Autonome Ethik ermöglicht Wahlfreiheit.

Ein autonomer Entscheidungsprozess umfasst drei Schritte: *Differenzieren – Quantifizieren – Relativieren.* Beim Differenzieren muss jeder einzelne Wert konkret gemacht werden. Mit Verallgemeinerungen und zu großen Bedeutungsfeldern kann man keine guten Entscheidungen fällen, ja man kann nicht einmal eine sinnvolle Debatte führen. So ist beispielsweise die Zustimmung sehr breit, wenn Politiker ganz allgemein von Sicherheit und Freiheit sprechen. Spannungen entstehen erst, wenn konkret gesagt wird, welche Art von Sicherheit und Freiheit gemeint ist. Geht es um die Sicherheit der Mächtigen oder um jene aller Bürgerinnen und Bürger? Zählt die Migrationsfreiheit zu den Grundrechten des Menschen oder muss sie beschränkt werden? Bevor man sich in sinnlose Diskussionen verwickelt oder wenn man Entscheidungen beschleunigen möchte, ist es hilfreich, die Werte differenziert zu definieren. Dieses Verfahren verlangt vom Einzelnen doch beträchtliche Anstrengungen, die in werthomogenen Gesellschaften nicht nötig waren, weil es ein allgemeines Verständnis über die

Auslegung der Werte gab. Heute ist es nahezu unumgänglich, diesen Aufwand zu betreiben, wenn man nicht in eine Pattsituation kommen möchte.

Quantifizieren ist der zweite Schritt zu einer autonomen Entscheidung. Das bedeutet auszuwählen, „wie viel" von einer bestimmten Eigenschaft oder eines Verhaltes in einer bestimmten Lebensphase oder aktuellen Situation angemessen ist. Gemeint ist das Bemühen um das rechte Maß. Überlegungen zur Überwindung von absolut gesetzten Maßstäben wurden im Laufe der Geschichte von großen Vordenkern immer wieder angestellt. So meint etwa der griechische Philosoph Aristoteles in seinen Abhandlungen über Ethik: „Tugend ist das Finden des rechten Maßes". Er stellt die absoluten Bewertungen in Frage, indem er aufzeigt, dass jemand beispielsweise zu viel oder zu wenig Tapferkeit beweisen könne und dass sowohl das Übermaß wie auch der Mangel zur Untugend führen. Ist es mutig, mit einem Fahrzeug auf einer regennassen Fahrbahn mit hohem Tempo in die Kurve zu fahren? Ist es eine Tugend, sich einer bewaffneten Person mit bloßen Händen entgegenzustellen? Der österreichische Philosoph Leopold Kohr beschreibt in seinem Buch „Das Ende der Großen. Zurück zum menschlichen Maß" die Notwendigkeit, die angemessene Größe in allen Dingen anzustreben.

Relativieren stellt im dritten Schritt die alten Muster des Entweder-oder gänzlich in Frage. Grundsatzentscheidungen wie beispielsweise zwischen Genuss und Gesundheit sind heute weder für das Individuum noch für eine Gesellschaft möglich. Rasch wechselnde Situationen verlangen die Fähigkeit, zwischen den beiden Gegenpolen im Wertespektrum Relationen herstellen zu können. Damit wird erstmals in der Geschichte die Relativität der Werte einer breiten Bevölkerungsschicht bewusst. Diese spiegelt sich auch in Konzepten wie der Relativitätstheorie oder dem Konstruktivismus wider, wie auch in flotten Sprüchen: Wie wirklich ist die Wirklichkeit, alles ist relativ, alles ist möglich, aber „nix ist fix". Dieser Erkenntnisprozess führt in der Gesellschaft wie auch beim Individuum zu einer starken Verunsicherung. Gibt es auf dieser Stufe überhaupt noch Gut und Böse? Ist das „Anything Goes" der Postmoderne die hilfreiche Parole der neuen Zeit oder haben jene Kritiker recht, die dieses Postulat als Beliebigkeitswahn geißeln?

Der Volksmund verweist auf die Fähigkeit des Relativierens, um die wir im Einzelfall oft hart zu ringen haben: Der Spruch „Es gibt nichts Schlechtes, das nicht auch sein Gutes hat" wird als tröstliche Botschaft gerne angenommen. Schwieriger gestaltet sich da die Akzeptanz der Umkehrung „vom Schlechten des Guten", wie der österreichische Kommunikationswissenschaftler Paul Watzlawick dies in seinem Buch „Vom Schlechten des Guten oder Hekates Lösungen" bezeichnet. In seinen konstruktivistischen Ansätzen beschreibt er die Fragwürdigkeit absoluter Standpunkte und hat damit einen wesentlichen Beitrag zum Verständnis dieser anscheinend paradoxen Sichtweise geleistet. Er zeigt auf, dass jeder positive Wert, alles woran wir glauben und was wir schätzen, auch den Keim des Bösen in sich trägt. In seinem Werk „Menschliche Kommunikation" formuliert Watzlawick die These vom „Kipp-Effekt": Ein positiver Wert kann nicht beliebig vermehrt werden, ab einer gewissen Größe kippt er von gut nach schlecht. Ein Beispiel aus der Wirtschaft: Wachstum ist gut, noch mehr Wachstum ist besser, doch noch mehr Wachstum führt über den Kipp-Effekt zur Zerstörung der Umwelt, der Kleinbetriebe, der Sozialstrukturen. Oder aus dem Gefühlsleben: Zu viel Liebe führt zu Besitzanspruch und Zwang, zu viel Freiheit zur Beziehungslosigkeit.

Darauf aufbauend hat der deutsche Psychologe Friedemann Schulz von Thun („Miteinander reden") ein „Wertequadrat" entwickelt, eine alltagstaugliche Methode für das Relativieren: Dabei wird der Gegenpol für den positiven *und* den negativen Wert gesucht, sodass mehrere Relationen entstehen. Erst wenn ein vollständiges Quadrat zweier positiver Werte und den dazugehörigen negativen Werten gebildet werden kann, ist eine eigenverantwortliche Entscheidung möglich. Geht man beispielsweise von der Sparsamkeit aus, so ist der positive komplementäre Wert die Großzügigkeit. Ohne diese verkommt Sparsamkeit zum Geiz, während Großzügigkeit ohne Sparsamkeit in die Verschwendung kippt. Erarbeitet man zu jedem Wert auch die Gegenwerte, so bringt man die notwendige Erweiterung ins Denksystem. Das Gute ist nun nicht mehr allein, es hat einen positiven Gegenspieler. Daher kann es auch die absolute Wahrheit nicht mehr geben, sondern es gibt immer mindestens zwei Wahrheiten zur Wahl – und auch zwei Untugenden als mögliche Konsequenz.

Dieser relativierende Umgang mit den verschiedenen Möglichkeiten wird oft falsch verstanden, banalisiert oder als Beliebigkeit abgetan. Im Psychologieteil der Sonntagsmagazine kann man lesen, dass das „Entweder-oder" ein Auslaufmodell wäre, dass Menschen, die sich einschränken, die verzichten, zu den hoffnungslos Gestrigen zählen. Vielmehr wäre das „Sowohl-als-auch" angesagt: „Ich will alles, und das sofort." Doch es gibt schlechte Nachrichten für Schnäppchenjäger: Das „Sowohl-als-auch" stellt sich als Illusion heraus, denn alles hat auch seinen Preis. Eine Anhäufung von ausschließlich positiven Aspekten ist nicht möglich, denn immer tritt der Kipp-Effekt ein, es wächst die Schattenseite, der Unwert von Beginn an mit: Die Profitmaximierung in der Nutztierhaltung führt zum Rinderwahn, der Schlankheitstrend zur Magersucht, die einseitige Verfolgung der Karriere zum Verlust von Beziehungen.

Bei Entscheidungen geht es nicht nur darum, was man will, sondern auch darum, ob man bereit ist, den Preis dafür zu bezahlen. Die Entscheidungskompetenz liegt beim Einzelnen im Abwägen der Situation. Die Frage lautet nun nicht mehr: Was ist richtig und was ist falsch?", und auch nicht nur: „Wie viel ist angemessen?", sondern: „Welche aller vorhandenen Kombinationen wird dieser Situation am besten gerecht?" Um zu einem befriedigenden Ergebnis zu gelangen, ist zu klären, in welcher Situation, in welchem Kontext wir uns zu welchem Zeitpunkt befinden.

> Autonome Ethik als Grundlage für die Klärung
> der inneren Legitimation:
> Wovon?
> Wie viel?
> In welcher Situation?
> Um welchen Preis?

Am Ende dieses Prozesses haben wir Entscheidungsgrundlagen geschaffen, um zu erkennen, in welcher Lebenssituation welcher Wert sinnvoll ist. Wann es zum Ziel führt, dem Drang nach Konkurrenz und Selbstbehauptung nachzugeben und Machtmittel einzusetzen und wann hingegen Nachgeben und Loslassen gefragt sind. Wir wissen Bescheid um den Preis, den jede Wahl uns kostet, und sind bereit, ihn auch zu bezahlen. Beziehungsqualität und Selbstverwirklichung gibt es nicht umsonst, sie müssen erarbeitet, erlitten und erkämpft werden. Je besser und schneller wir die Methoden zur Entwicklung der Autonomen Ethik einsetzen können, umso befriedigender und wachstumsorientierter wird unser Leben verlaufen. Erst dann können wir unsere Ziele durchsetzen, ohne unsere Werte zu verraten.

Anregungen zur Selbstreflexion

- ❏ Definieren Sie ein berufliches Ziel. Wie sind Sie in Bezug dazu bei Widerstand zur Machtausübung äußerlich legitimiert, zum Beispiel durch das Gesetz oder Ihre Position?
- ❏ In welchen Situationen würden Sie sich auch innerlich zur Machtausübung legitimiert fühlen, auch gegen gesetzliche Vorschriften oder gängige Normen?
- ❏ Wie würden Sie diese Entscheidung vor einem Gericht oder vor der Öffentlichkeit verantworten?

- Analysieren Sie eine Situation, von der Sie meinen, dass jemand seine Macht missbraucht hätte, nach den Kriterien der äußeren und inneren Legitimation, ohne in subjektive Bewertungen zu verfallen.
- Geben Sie sich Rechenschaft über Situationen, in denen Sie selbst Ihre Macht missbraucht haben.
- Analysieren Sie einen Interessenkonflikt, bei dem Sie in einen Gewissenskonflikt geraten sind.
- Nennen Sie fünf Grundwerte, nach denen Sie Ihr Leben orientieren (wie zum Beispiel Gerechtigkeit, Freiheit etc.).
- Suchen Sie bei jedem Wert nach dem vollständigen Wertequadrat.

Wert: Sparsamkeit >>> positiver Gegenwert: Großzügigkeit
Mehr davon führt zum Kipp-Effekt
Unwert: Geiz   >>> negativer Gegenwert: Verschwendung

- Beschreiben Sie eine Situation, in der Sie jemandem einen schweren Vorwurf gemacht haben, und suchen Sie das „Gute im Schlechten" (den positiven Aspekt an der Sache).
- Nennen Sie Ihre beste Eigenschaft und suchen Sie den Nachteil davon, das „Schlechte im Guten".
- Wenden Sie für einen Entscheidungsprozess anstatt alter Vorlieben oder Vorurteile das Prinzip der Autonomen Ethik an: Wovon? – Wie viel? – In welcher Situation? – Zu welchem Preis?

Mehr Informationen und Beispiele für das Wertequadrat finden Sie bei Schulz von Thun (siehe Literaturverzeichnis).

3. Kapitel

Die acht Quellen der Macht

Meist verwenden wir für unterschiedliche Situationen dieselbe Bezeichnung und erschweren uns damit die eigene Erkenntnis und die Bewertung von Verhaltensweisen: Wir sprechen immer nur von „Macht", egal ob damit die Macht der Behörden, die Macht der Mütter, die Macht der Wähler oder die Macht der Weltbank gemeint ist. Zur Differenzierung werden hier die einzelnen Machtinstrumente den *acht Quellen der Macht* zugeordnet, von denen jede ihre eigenen Wirkungsweisen hat.

1. Die Macht der Materie

Die ursprünglichste Form der Durchsetzung beruht auf körperlicher Stärke. In Urgesellschaften – noch bevor es Werkzeuge, Waffen und Rechtssysteme gab – zählte nach dem „Gesetz des Dschungels" in erster Linie die Muskelkraft. Dieses Machtinstrument ist dem Tierreich noch sehr nahe, denn auch Revierkämpfe um Futter oder Fortpflanzungspartner werden durch körperliche Überlegenheit entschieden. Aber nicht nur in Urgesellschaften, auch heute gilt in manchen Kulturen noch das Recht des Stärkeren. Diese archaische Form der Durchsetzung und die damit verbundenen Drohgebärden scheinen zur genetischen Grundausstattung des Menschen zu zählen, denn selbst in friedliebenden Familien versuchen die meisten Kinder im Laufe ihrer Entwicklung – oft sehr zum Schrecken ihrer Eltern – durch Rangeleien und Wettkämpfe ihren Platz in der Gruppe zu bestimmen. Körperliche Kraft wird (auch heute noch) mit dem männlichen Geschlecht in Verbindung gebracht. Schwere körperliche Arbeit und Militärdienst waren daher auch lange Zeit Männerdomänen.

Mit der Entdeckung technischer Hilfsmittel wird die bloße Muskelkraft um Werkzeuge und Waffen ergänzt. Seither erlangen auch Frauen leichter Zugang zu dieser Machtquelle, denn während man für die Verwendung einer Keule oder eines Schwertes physische Kraft braucht, kann jeder Mensch unabhängig von der körperlichen Überlegenheit einen Revolver verwenden oder einen Bagger bedienen. Dieser Aspekt der Macht der Materie ist mit dem Fortschritt der Technik nicht mehr ungleich verteilt und kann von beiden Geschlechtern gleichermaßen eingesetzt werden.

Ein weiterer Bereich dieser Machtquelle ist jeweils einem Geschlecht vorbehalten: einerseits die Fähigkeit, Kinder zu zeugen, und andererseits die Eignung, sie zu gebären und zu stillen. Der Gedanke, Kinder als Machtquelle zu bezeichnen, mag vielleicht seltsam anmuten. Doch Kinder wurden und werden immer noch als Machtmittel eingesetzt – sowohl vom Individuum, um die Arbeitskraft der Familie, des Stammes zu vermehren oder um in Beziehungskonflikten zu punkten, als auch in politischen Auseinandersetzungen, um durch hohe Geburtenraten der eigenen Bevölkerungsgruppe mehr Gewicht zu verleihen, oder um die Altersversorgung zu gewährleisten. Die männliche Zeugungsfähigkeit war immer schon ein Quell von Machtgefühlen und hat im Laufe der Geschichte nichts davon eingebüßt. Die Tatsache, dass Frauen Kinder bekommen, wird hingegen heute von der Frauenpolitik eher als Hindernis für Erfolg und Karriere gesehen. Viele Frauen erleben sich genau dadurch hilflos, ohnmächtig und benachteiligt. Dennoch darf nicht übersehen werden, dass es sich bei der Gebärmacht um ein äußerst wirksames Machtinstrument handelt.

Weiters zählt zur Macht der Materie die Verfügung über Land und Produktionsmittel. Anbau- und Weideflächen in bäuerlichen Gesellschaften, Handwerksbetriebe oder Fabriken in Industriegesellschaften, Abbaurechte für verwertbare Rohstoffe: Besitz ermöglicht die Durchsetzung von Interessen. Dies gilt vor allem für seine Abstraktion – das Geld. Im Volksmund weisen Redewendungen auf diesen Umstand hin: „Wer zahlt, schafft an", „Wessen Brot ich esse, des Lied ich singe", und Friedrich Nietzsche meint: „Geld ist das Brecheisen der Macht". Schmiergeld, Bestechungsgeld, Schweigegeld, Bußgeld – money makes the world go around. Viele Menschen betrachten Geld als „das" Machtmittel schlechthin, sie lassen sich davon einschüchtern – und übersehen dabei häufig die anderen Quellen der Macht.

Die Macht der Materie lässt sich eindrucksvoll darstellen: Man kann Muskelpakete oder die Kinderschar präsentieren, Waffen sichtbar tragen, Militärparaden abhalten oder Luxus zur Schau stellen.

Macht der Materie

Körperkraft, Zeugungsfähigkeit, Werkzeug, Waffen
Schönheit, Gebärfähigkeit, Besitz, Geld

---

2. Die Macht der Herkunft

Als die Menschheit im Laufe ihrer Entwicklung das Nomadentum aufgab und die Kinder nicht mehr der ganzen Sippe zugeordnet waren, sondern einzelnen Elternpaaren, wurde es möglich, die Macht an die nächste Generation weiterzugeben. Grund und Boden, Gebäude, Produktionsstätten oder Geld werden seither an die Kinder vererbt. Aber nicht nur Besitz, sondern auch Ämter oder Ansehen können von den Eltern übernommen werden. Mit der Macht der Herkunft ausgestattet, muss das Individuum nicht selbst die Ressourcen zur Durchsetzung erwerben und erhält dadurch einen leichteren Zugang zu gesellschaftlichem Status, ohne sich noch persönlich angestrengt zu haben. Der Glanz der Ahnen oder die Wirkung eines großen Namens lässt sich oft noch aufrechterhalten, auch wenn sich die aktuelle Situation schon weit davon entfernt hat. Doch irgendwann wird auch die eigene Leistung eingefordert, wie das Zitat von Johann Wolfgang von Goethe („Faust I") beschreibt: „Was du ererbt von deinen Vätern, erwirb es, um es zu besitzen."

Doch nicht nur die individuelle Familie bestimmt die Macht der Herkunft, auch das Ansehen einer Sippe, eines Stammes oder Volkes färbt auf die Macht des Einzelnen ab. Wie sich beispielsweise für Migranten/innen das Leben im Gastland gestaltet, wie gut sie ihre Interessen vertreten können, ist nicht zuletzt auch von ihrer Herkunft abhängig. Ein Schweizer Informatik-Fachmann wird sich in Mitteleuropa gegenüber der Wohnungsmaklerin oder dem Personalchef meist besser durchsetzen können als ein Schwarzafrikaner – selbst wenn beide Personen den gleichen Bildungsgrad und sozialen Status besitzen.

Die Macht der Herkunft spielt in unserer Gesellschaft eine bedeutende Rolle, auch wenn das nicht gerne zugegeben wird. Vor allem die Regenbogenpresse trägt das ihre dazu bei, um Promis mit Macht zu versehen, und manche Persönlichkeit will nicht wahrhaben, dass ein Gutteil ihres Erfolges auf ihrem Namen beruht und nicht auf ihrer persönlichen Leistung. Auch im Berufsleben wird diese Machtform eingesetzt. Im Lebenslauf zählt das Image der Universität, an der man studiert hat, mehr als die Noten, die man für seine Leistung bekommen hat. Wenn jemand als Adresse für seine Rechtsanwaltskanzlei eine bekannte Straße in einem noblen Stadtviertel wählt, so kann er schon beim Überreichen der Visitenkarte mit der Macht der Herkunft punkten.

Abgesehen von materiellen Werten zählt bei der Macht der Herkunft vor allem das Ansehen, das von Personen, Gruppen, Organisationen oder Staaten auf das Individuum übertragen wird. Die Macht der Herkunft wird durch klingende Namen repräsentiert, durch Adelstitel, Siegelringe, Ahnenbilder, Erbstücke oder Diplome von Ausbildungsstätten, durch Wappen und Fahnen.

Macht der Herkunft

Ahnen, Sippe, Familie,
Nationen, Regionen, Stadtviertel,
Universitäten, Organisationen, Unternehmen, Marken

---

3. Die Macht der Mehrheit

Verfügen gesellschaftliche Gruppierungen weder über die Macht der Materie noch über die Macht der Herkunft, so bietet sich eine andere Machtquelle an: die Macht der Mehrheit. Die Mehrheitsbildung ermöglicht die Durchsetzung von Zielen, die für den Einzelnen allein nicht denkbar wären. Es ist jedoch nicht allein die Größe, die eine Menge mächtig macht. Damit sie ihre Macht generieren kann, braucht sie einen Fokus, einen Kristallisationskern, durch den sie sich bestimmt. Erst gemeinsame Interessen und Ideale bündeln die Kräfte der Individuen und erzeugen Stärke. Eine Mehrheit muss sich formieren und organisieren, um mächtig zu werden, die Tatsache der zahlenmäßigen Überlegenheit muss aktiv genutzt werden. Vom Sklavenaufstand über die bürgerlichen Revolutionen bis zur Arbeiterbewegung manifestiert sich die Macht der Mehrheit unter dem Motto: „Gemeinsam sind wir stark!" Wie bei Massenphänomenen zu beobachten ist, kann der Anlass für die Entstehung der Macht der Mehrheit unbedeutend sein: Eine falsche Entscheidung des Schiedsrichters beim Fußballmatch gibt einer anonymen Menge ein Ziel und versetzt sie spontan in Aktion. Es können aber auch tief greifende neue Gedanken und Erkenntnisse sein, die längerfristig zur Bildung von Initiativen, Widerstandsbewegungen oder politischen Parteien führen. Mit der organisierten Macht der Mehrheit lassen sich auch etablierte Herrschaftsgebilde stürzen.

Diese Machtquelle wird in demokratischen Systemen als „die wahre Macht" angesehen. Dadurch kann leicht der Blick dafür verloren gehen, dass auch andere Machtquellen gebraucht werden. So muss man beispielsweise, um bei Wahlen die Mehrheit der Stimmen zu bekommen, diese durch Information, Geldversprechen oder Emotion erst an sich binden.

Zu den Darstellungsformen der Macht der Mehrheit zählen Symbole der Zugehörigkeit wie Abzeichen oder besondere Kennzeichen der Kleidung, Grußformen und Parolen.

Macht der Mehrheit

Interessengemeinschaften, Bündnisse, Initiativen, Vereine,
politische Parteien, internationale Organisationen

---

4. Die Macht des Wissens

„Wissen ist Macht" – mit dieser Verheißung wurden schon Generationen von lernunwilligen Schülern zur Leistung angetrieben. Bildung dient vielen Menschen, die nicht auf Geld und Status zurückgreifen können, als eine wesentliche – oft einzige – Machtquelle. Zur Macht des Wissens zählen Informationen, Zahlen und Fakten ebenso wie Allgemeinbildung, praktische Erfahrung und Fertigkeiten. Der Streber in der Schulklasse, der Wissenschaftler, die Chefsekretärin, die Spezialistin im Krankenhaus, der Spion – sie alle bedienen sich der Macht des Wissens. Nicht nur, um ihre Arbeit gut zu erledigen, sondern auch, um sich gegen Widerstand durchzusetzen.

Das Wissen als Instrument zur Erreichung von Zielen zu nutzen, erscheint uns heute als selbstverständlich. Doch diese Machtquelle war lange Zeit den Eliten vorbehalten. Bis zur Aufklärung blieb der Zugang zum Wissen beschränkt, Wissenschaft und Forschung, ja selbst Lesen und Schreiben wurden vorwiegend in kirchlichen Institutionen oder im Umfeld der Herrschenden betrieben. In manchen Epochen war es sogar gefährlich, zu viel zu wissen, denn ein Forscher konnte leicht ein Schicksal wie jenes von Galileo Galilei erleiden und für seine naturwissenschaftlichen Erkenntnisse mit dem Tod bedroht werden. Neben der institutionellen Ausbildung und Forschung gab es in allen Kulturen ein breites Wissen über die Wirkungsweise der Natur, wie zum Beispiel den Einsatz von Heilpflanzen. Doch auch dieses konnte sehr rasch für den Träger gefährlich werden. Man genoss als Kräuterfrau oder als Heiler entweder Ansehen oder wurde als Hexe beziehungsweise als Scharlatan verbrannt. Mit der Einführung der allgemeinen Schulpflicht wurde der Zugang zum Wissen erleichtert. Zuerst erlangten männliche Mitglieder aller sozialen Schichten die Chance auf höhere Bildung, und vor etwa 100 Jahren konnten durch die Frauenbewegung auch die weiblichen Mitglieder diesen Weg beschreiten.

In unserer Informationsgesellschaft nimmt diese Freiheit weiter zu. Neue Kommunikationstechnologien, breit gestreute Medien und Internationalisierung der Arbeitswelt führen zu einem raschen Anstieg, aber auch zu einem raschen Verfall des Wissens. Jeder Fachbereich bringt eigene Experten hervor, die über einen hohen gesellschaftlichen Status verfügen. Jede/r kann heute durch das Internet ohne große Hindernisse von der Kompetenz anderer Gebrauch machen. Sei es, um ein Unternehmen zu gründen, die Karriere voranzutreiben, ein Buch zu schreiben oder die besten Ratschläge für ein technisches Problem in Anspruch zu nehmen.

Die Macht des Wissens wird in unserer Kultur sehr positiv bewertet, ja oft sogar überschätzt.

Ihre Zeichen sind akademische Titel und Würden, Nobel- und andere Preise, Medienpräsenz, Publikationen und. Anerkennung durch die wissenschaftliche Gemeinschaft.

Macht des Wissens

Erkenntnis, Erfahrung, Information, Bildung, Informationstechnologien, Medien

---

5. Die Macht der Gefühle

Die Machtquelle der Gefühle bietet eine große Auswahl an Instrumenten, denn die meisten Menschen sind leichter über Gefühle als über Vernunft zu steuern. Wenn man jemanden an seiner Sehnsucht, seiner Loyalität, seiner Gier, seiner Angst, seiner Eitelkeit oder seinem Stolz ansprechen kann, wird er steuerbar. Deshalb legte man in vielen Kulturen bei der Ausbildung zukünftiger Machthaber besonderen Wert auf Disziplin und auf die Beherrschung der eigenen Gefühle. Eine Kaiserin, ein Feldherr und ein kirchlicher Würdenträger mussten lernen, ihre persönlichen Gefühle zu meistern, um selbst weniger angreifbar zu sein und zugleich die Gefühle der Untergebenen besser nutzen zu können.

Dabei spielt es eine weniger große Rolle, welcher Art die Gefühle sind, als man annehmen würde: Angenehme Gefühle wie Liebe, Geborgenheit oder Freude eignen sich ebenso als Quelle der Macht wie negative – etwa Zorn, Angst oder Rache. In privaten Beziehungen und in der Kindererziehung werden beispielsweise Liebesentzug, Wutausbrüche oder Weinkrämpfe als Machtinstrument eingesetzt. Auch zählen Jammern, Vorwürfe machen oder Hilflosigkeit ebenso wie das Ausnützen von Sehnsüchten oder Abhängigkeiten zu den gängigen Methoden der Machtausübung.

Viele Menschen, die andere über ihre Emotionen beeinflussen, sind sich ihrer Macht nicht bewusst, ja oft empfinden sie sich selbst als schwach oder gar ohnmächtig. Andere wiederum spielen ganz besonders trickreich auf dem „Gefühlsklavier", würden es jedoch nie offen zugeben. Die Macht der Gefühle wird oft nicht als solche erlebt. Verhalten, das als authentisch bezeichnet und besonders den Frauen als emotionale Stärke zugeschrieben wird, ist mitunter nichts anderes als ein Machtinstrument. Durch diese Verschleierung fällt es den Betroffenen besonders schwer, die Macht der Gefühle als solche zu erkennen und sich dagegen zu wehren.

Auch im Berufsleben, in Organisationen und Unternehmen spielt die Macht der Gefühle – entgegen den Behauptungen, dass dort Sachlichkeit angesagt wäre – eine große Rolle: im negativen Sinn in der Form von Zurechtweisungen, persönlichen Angriffen und Demütigungen; im positiven Sinn in der Form von Lob, Aufmerksamkeit und Vertrauensbeweisen. Man appelliert an das Mitleid, an die Loyalität oder an das Ehrgefühl, es wird Angst mobilisiert oder Scham. Die meisten Menschen lassen sich auch im Berufsleben über ihre Gefühle leicht manipulieren und beherrschen. Selbstverständlich nutzt auch die Werbung diese Strategien, und sogar die Politik hat diese subtilen Formen der Beeinflussung für sich entdeckt. Motivforschung und Verhaltensanalysen zeigen auf, wie man Menschen über ihre Gefühle erreichen kann.

Die Macht der Gefühle wird verbal, über Körpersprache oder Symbole ausgedrückt. Der Ehering zeigt, dass die Liebe gebunden ist, die Betonung körperlicher Reize soll sexuelle Reaktionen hervorrufen und Kriegsbemalung Angst machen.

Macht der Gefühle

das gesamte Spektrum
der positiven und negativen Emotionen
wie beispielsweise: Lust, Neugier, Angst, Wut, Mitgefühl

---

6. Die Macht der Funktion

Die Macht der Funktion ist in unserer Gesellschaft jene Form, die wir gemeinhin mit „Macht" bezeichnen. Politiker, Manager, Beamte, Priester, Lehrer, Polizisten, Richter und Vorarbeiter/innen sind aufgrund ihrer Bestellung befugt, Anordnungen zu treffen. Funktionen werden von der Organisation an den Träger auf bestimmte Dauer verliehen und können auch wieder entzogen werden, ihr Wirkungsbereich ist genau definiert. Das bedeutet, dass die Macht nicht mehr an Individuen gebunden ist: Die Funktion bleibt, die Person ist austauschbar.

Positionen sind meist in Hierarchien angeordnet. Dieses Beziehungsgefüge enthält subtile Spielregeln, die genau beachtet werden müssen. Auch wenn heutzutage moderne Organisationen von „flachen Hierarchien" sprechen, so sind doch immer Rangordnungen erkennbar. Der „Primus inter Pares" ist nur solange „gleich", bis er einen Mitarbeiter beurteilen oder entlassen muss – dann wird sein getarntes Machtpotenzial schlagend.

Der Träger einer Funktion wird zwar von der Organisation mit Macht ausgestattet, beginnt jedoch im Allgemeinen bald, seine eigene Persönlichkeit mit dieser Macht zu identifizieren. Anstatt zu sagen: „Ich in meiner Funktion als Chef kann diese Entscheidung treffen und trage auch die Verantwortung dafür", verwechseln viele ihre Funktionsmacht mit ihrer persönlichen Macht. Diese Vermischung kann zu dramatischen Einbrüchen des Selbstwerts führen, wenn etwa der Generaldirektor in Pension geht oder wenn die Journalistin nicht mehr beim größten Fernsehsender arbeitet, sondern bei einer kleinen Jugendzeitung. Genügte früher die Nennung des Namens in Verbindung mit der Position, um etwas zu erreichen, bleiben nun die Türen verschlossen. Wenn Menschen diese Form der Macht abgeben müssen, können sie sich oft nur schwer davon verabschieden. Daher versuchen manche aus der Macht der Funktion eine Macht der Herkunft zu machen und legen sich beispielsweise Visitenkarten zu, die sie als Minister a. D. (außer Dienst), Direktorin a. D. oder General i. R. (in Ruhe) ausweisen.

Dargestellt wird die Macht der Funktion durch Statussymbole wie Amtsbezeichnungen, Dienstgrade, Titel, Uniformen, Berufskleidung, Türschilder, Dienstwagen.

Macht der Funktion

Ämter, Befugnisse, Positionen – verliehen von einer Organisation
Strukturen, Hierarchien

---

7. Die Macht der Kontakte

Man muss jemanden kennen, wenn man etwas erreichen will, oder man kennt jemanden, der jemanden kennt: Vertraute, Netzwerke, Seilschaften, Clubs, Bünde, Vereine, Logen. Generationen von mächtigen Männern kommen aus einem „Old Boys Club" und helfen einander in jeder Hinsicht weiter. Einen Vorstandsdirektor, mit dem man studiert hat, kann man leichter kontaktieren und um einen Gefallen bitten als einen, den man erst seit Kurzem kennt. Doch auch mit einem guten Automechaniker im selben Sportclub zu sein, bringt Vorteile. Die Macht der Kontakte ist eine Anleihe bei der Macht, die andere haben. Im engeren Sinn handelt es sich um ein Gegengeschäft, denn wer diese Machtform nutzt, muss damit rechnen, dass er in der einen oder anderen Form zur Kasse gebeten oder zu Gegenleistungen aufgefordert wird. Frauen konnten bis vor Kurzem im Berufsleben von der Macht der Kontakte nur wenig Gebrauch machen. Da sie bis vor 100 Jahren überwiegend im familiären Bereich tätig waren, war es für sie nicht notwendig, Seilschaften aufzubauen. Erst jetzt beginnen sie, unterstützende Netzwerke zu bilden, und sie haben einen großen Nachholbedarf am sogenannten „Vitamin B".

Doch auch im Privatleben ist die Macht der Kontakte von Bedeutung: Empfehlungen von bestimmten Personen sind Tickets für den Eintritt in die „besseren Kreise" oder für eine gute Partie. Nachbarn zu haben, die einem weiterhelfen, und Freunde, die man als Informanten nutzen kann, stärken die eigene Macht.

Diese Machtquelle deklariert sich, wenn überhaupt, durch dezente Abzeichen der Verbindung, durch Vereinsrituale, geheime Namen und Codeworte.

Macht der Kontakte

Netzwerke, Seilschaften, Informanten, Förderer, Mentoren, „Vitamin B"

---

8. Die Macht der Überzeugung

Die Macht der Überzeugung beruht auf dem, was in einer Gemeinschaft oder von einem Individuum als „Wahrheit" betrachtet wird. Ihre Bedeutung liegt in den Wertesystemen, Normen und Gesetzen einer Gesellschaft, in den Glaubensbekenntnissen der Religionen und in den herrschenden Paradigmen der Wissenschaft. Zudem hat jeder einzelne Mensch seine „Privatreligion" mit Glaubenssätzen und „letzten Wahrheiten", die für ihn bindend sind. Ob er an die Wissenschaft glaubt oder an den lieben Gott, ob jemand sich am Materialismus orientiert oder am Idealismus – die meisten Menschen halten ihre Überzeugung für die einzig mögliche und zweifeln nicht an ihrer absoluten Gültigkeit. Aus diesem Umstand leiten sowohl Ideologien und politische Systeme als auch Individuen immer wieder die Berechtigung ab, andere zu unterdrücken und im Namen der Überzeugung auch Gewalt auszuüben.

Das Wertesystem einer Gesellschaft findet seinen deutlichsten Niederschlag im jeweiligen Rechtssystem. Über Gesetze und deren Kontrolle wirkt die Macht der Überzeugung vom Volk über den Staat wieder auf den einzelnen Bürger zurück. Das „allgemeine Rechtsempfinden" und die ungeschriebenen Gesetze einer Gemeinschaft bilden einen „Rahmen der Macht", den der Einzelne nicht verlassen kann, ohne mit Strafe rechnen zu müssen. Doch auch in der Kommunikation wird die Macht der Überzeugung gerne eingesetzt. In Diskussionen unter Intellektuellen oder Wissenschaftlern findet oft ein ebenso plötzlicher wie subtiler Wechsel von der Macht des Wissens – der besseren Argumente oder Informationen – zur Macht der Überzeugung statt. Dann werden Behauptungen und Untersuchungsergebnisse so hingestellt, als seien sie „Naturgesetze" oder Ableitungen einer „göttlichen Ordnung". Damit sollen alle anderen Machtmittel übertrumpft werden, es handelt sich sozusagen um die „letzte Instanz", die keinen Widerspruch mehr duldet.

Die Tendenz, gesellschaftliche wie persönliche Überzeugungen in den Status von Wahrheit zu heben, macht es besonders schwer, diese Machtquelle zu hinterfragen und zu durchschauen. Wenn zwei Personen bei dem Bemühen, einen Interessenkonflikt zu lösen, sich in ihren Überzeugungen verstricken, ist ihnen meist nicht mehr klar, dass sie ihre Macht einsetzen. Sie sind der festen Meinung, ganz objektiv im Recht zu sein, und können dann nur noch schwer zu einer vernünftigen Lösung finden.

Die Ausdrucksformen dieser Machtquelle können besonders prunkvoll und auffällig sein. Geistliche und weltliche Würdenträger signalisieren durch Kopfschmuck, Gewänder oder Ritualgegenstände, dass sie mit einer „höheren" Macht verbunden sind. Menschen weisen durch Abzeichen und Schmuckanhänger nicht nur auf die Zugehörigkeit zu einer Gruppe hin, sondern auf die Überzeugung des Trägers, der Trägerin.

Macht der Überzeugung
Werte, Glaubenssätze politische Ideologien, Religionen, Gesetze, Normen

Machtinstrumente

Aus jeder Quelle entspringen konkrete Handlungen oder Hilfsmittel, die als Machtinstrumente in einem Interessenkonflikt
eingesetzt werden können. Der Satz aus der Kommunikations-
wissenschaft: „Man kann nicht *nicht* kommunizieren", gilt
auch für die Mechanismen der Macht. In einem Interessenkonflikt wird jedes Verhalten zu einem Mittel der Durchsetzung –
ebenso wie die Unterlassung von Handlungen. Das wirft die
Frage auf, ob Machtmittel existieren, die stärker sind als andere und ob man sie in einer gewissen Reihenfolge einsetzen
müsste. Leider – oder vielleicht auch Gott sei Dank – gibt es für
die Durchsetzung keine Rezepte. Will man erfolgreich und
kräftesparend agieren, ist es notwendig, komplexe Zusammenhänge zu erkennen und strategisch zu planen, denn Machtmittel stehen zueinander nicht in einer Rangordnung. Machtinstrumente sind prinzipiell nicht besser oder schlechter als andere – sie müssen immer auf das jeweilige Ziel, die Umstände,
den Partner oder Gegner und die eigenen Ressourcen ab-
gestimmt werden.

Die Macht der Gefühle führt manchmal rasch zum Ziel, ein
anderes Mal eskaliert der Konflikt und man bleibt als Verlierer
auf der Strecke. Die Macht der Mehrheit konnte in Revolutionen einmal gewinnen und ein anderes Mal durch Waffengewalt
niedergeschlagen werden. Die Macht der Überzeugung konnte
Menschen jahrhundertelang in ihrem Bann halten, um dann

plötzlich durch die Macht des Wissens besiegt zu werden. Das Märchen vom „Tapferen Schneiderlein" gibt ein gutes Beispiel für die Relativität der Machtmittel. Ein Riese bedroht das kleine Schneiderlein, indem er ihm drei Prüfungen auferlegt, die alle auf körperlicher Kraft beruhen und daher nie zu gewinnen wären. Als es im Wettbewerb darum geht, einen Stein möglichst weit zu werfen, muss der Riese eine Niederlage einstecken: Sein Stein fällt nach einigen Metern zur Erde, während der Stein des Tapferen Schneiderleins nicht mehr zu sehen ist. Dieses hat heimlich den Stein gegen einen Vogel getauscht und kann auf diese Weise mit der „Macht des Wissens" gewinnen. Hätte der Riese allerdings den Trick durchschaut, wäre das Märchen wohl anders ausgegangen. Auch Scheherezade in dem Märchen „Tausendundeine Nacht" entrinnt ihrer Hinrichtung, weil sie dem Sultan an ihrem letzten Abend eine Geschichte erzählt, die nach einer Fortsetzung verlangt. Diese gefällt ihm so gut, dass er immer noch eine weitere hören will und die Hinrichtung immer weiter aufschiebt. Nach der 1001. Nacht nimmt er Scheherezade schließlich zur Frau. So gewinnt die Macht der Gefühle über die Macht der Materie und der Funktion.

Welches Machtmittel das richtige ist, muss in jeder Situation neu entschieden werden. Erst die sorgfältige Auswahl, angemessen der Gesamtsituation, erhöht die Chancen auf die erfolgreiche Lösung eines Konfliktes. Macht-Gestalter/innen haben daher eine Vielzahl von Machtinstrumenten in ihrem Repertoire und zeichnen sich durch die Fähigkeit aus, diese rasch und zielsicher einzusetzen.

In einem Interessenkonflikt
wird jedes Verhalten zu einem Machtinstrument.
Machtinstrumente unterliegen keiner Rangordnung.
Ihre Auswahl muss strategisch geplant werden.

Anregungen zur Selbstreflexion

Die acht Quellen der Macht

1. Macht der Materie: Körperkraft, Zeugungsfähigkeit, Werkzeug, Waffen, Schönheit, Gebärfähigkeit, Besitz, Geld
2. Macht der Herkunft: Ahnen, Sippe, Familie, Nationen, Regionen, Stadtviertel, Universitäten, Organisationen, Unternehmen, Marken
3. Macht der Mehrheit: Interessengemeinschaften, Bündnisse, Initiativen, Vereine, politische Parteien, internationale Organisationen
4. Macht des Wissens: Erkenntnis, Erfahrung, Information, Bildung, Informationstechnologien, Medien
5. Macht der Gefühle: das gesamte Spektrum der positiven und negativen Emotionen
6. Macht der Funktion: Ämter, Befugnisse, Positionen, verliehen von einer Organisation, Strukturen, Hierarchien
7. Macht der Kontakte: Netzwerke, Seilschaften, Informanten, Förderer, Mentoren, „Vitamin B"
8. Macht der Überzeugung: Werte, Glaubenssätze, politische Ideologien, Religionen, Gesetze, Normen

❏ Stellen Sie fest, aus welchen Quellen ganz allgemein Sie Ihre Macht beziehen, welche Machtinstrumente Ihnen vertraut sind und welche Sie routiniert einsetzen.

❏ Wenn manche Machtinstrumente Ihnen nicht zur Verfügung stehen, denken Sie darüber nach, warum das so ist.
  – Welche Machtinstrumente wurden in Ihrer Ursprungsfamilie bevorzugt eingesetzt?
  – Welche Bewertungen gab es dort zu den einzelnen Machtmitteln?
  – Welche bewerten Sie selbst jetzt als positiv oder negativ?

❑ Mit welchen Mitteln der Macht kann man Sie am leichtesten aus der Fassung bringen? Unter welchen Bedingungen reagieren Sie mit Hilflosigkeit?

❑ Aus welchen Machtquellen beziehen Ihnen nahestehende Personen ihre bevorzugten Machtinstrumente?

❑ Analysieren Sie die Machtquellen eines aktuellen Konfliktpartners.

❑ Welche Handlungen würden Sie niemals in einem Interessenkonflikt als Machtmittel einsetzen?

4. Kapitel
Ausdrucksformen der Macht

Machtinstrumente können auf unterschiedliche Weise eingesetzt werden, beispielsweise durch Sprache oder Schrift, Zahlen oder Symbole, Strukturen oder Rituale. Die Ausdrucksformen der Macht haben sich im Laufe der Menschheitsgeschichte ständig verändert. Wie andere Kulturtechniken auch steht ihre Wirkung in engem Zusammenhang zum Gesellschafts- und Wertesystem, in dem sie angewendet werden.

Körpersprache, Verhalten und Rituale

Über die Körpersprache werden Machtansprüche direkt und unverfälscht ausgedrückt. Mimik, Gestik oder Positionierung zeigen sowohl die eigenen Absichten als auch den Widerstand auf. Die meisten dieser Reaktionen sind genetisch angelegt und laufen reflexartig ab. Viele davon sind im Tierreich gut zu beobachten: Bei Droh- und Angriffsgebärden wird der Kopf gesenkt, um Hörner in Position zu bringen, der Brustkorb aufgebläht, um Sauerstoff ins Blut zu pumpen, Pfoten oder Hufe schlagen aus, um Kampfbereitschaft zu signalisieren, Fell oder Federn sind gesträubt, um die eigenen Umrisse größer erscheinen zu lassen und die Temperatur zu regulieren. Die Verteidigungshaltung wird durch Bedecken oder Abwenden der gefährdeten Körperteile angezeigt, Unterwerfungs- und Demutsgesten wie das Präsentieren der ungeschützten Kehle sollen den Gegner besänftigen. Die Kontrahenten umkreisen einander, um einander einzuschätzen und suchen nach der besten Position zum Angriff oder nach einer Gelegenheit zur Flucht.

Auch beim Menschen wird die Körpersprache überwiegend durch das vegetative Nervensystem gesteuert und unterliegt daher kaum der willentlichen Beeinflussung. Das macht es schwierig, die nonverbalen Ausdrucksformen unter Kontrolle zu bekommen. Mimik, Gestik und Körperhaltungen entziehen sich weitgehend unserer Selbstwahrnehmung. Oft erfahren wir erst durch die ehrliche Rückmeldung eines Partners, eines Trainers oder bei einer Videoaufzeichnung, was unsere Körpersprache wirklich ausdrückt. Menschen, die unter Medienbeobachtung auftreten, die in der Öffentlichkeit Informationen abgeben und Konflikte austragen müssen, lernen in mühevollen Trainings, ihre Spontanreaktionen zu kontrollieren. Bei Politikern oder Topmanagern werden diese unbewussten Signale genau beobachtet und interpretiert – ein Augenblinzeln oder ein Schweißausbruch, ein Scharren mit den Füßen oder das Zucken der Mundwinkel kann über Sieg oder Niederlage entscheiden. Kein Wunder also, dass mächtige Menschen oft emotionslos wirken oder ihr Lächeln künstlich erscheint, dass ihre Gesichter zu Masken erstarrt sind. Nur die wirklichen Profis und natürlich gute Schauspieler können sich kontrollieren und zugleich lebendig und mitreißend wirken.

Die Art und Weise, wie wir den anderen ansehen, ob wir den Augenkontakt herstellen und halten können oder den Blick unruhig schweifen lassen, lässt Rückschlüsse über den Wahrheitsgehalt des Gesprächsinhalts zu. Körperliche Berührungen können dazu dienen, Vertrauen aufzubauen oder den anderen durch Dominanzgesten, wie Schulterklopfen, kleiner zu machen. Wenn jemand nicht grüßt oder demonstrativ wegsieht, so kann das durchaus eine Kampfansage sein. Um ständige Missverständnisse oder mühsame Entscheidungen von Fall zu Fall zu vermeiden, sind Bereiche der Körpersprache, Verhalten und Benehmen gesellschaftlich geregelt. Welche Handlungen man zu setzen oder zu unterlassen hat, folgt der Etikette oder den Gepflogenheiten der jeweiligen Kultur, Schicht oder Gruppe. Erst innerhalb des kulturellen Rahmens greifen individuelle Unterschiede. Dies ist auch der Grund, warum interkulturelle Kompetenz im Management als Schlüsselqualifikation gilt.

In unserer internationalisierten Wirtschaft erfährt die „Business-Etikette" eine Renaissance. Gutes (bürgerliches) Benehmen galt durch die Protestbewegung der 1970er Jahre für viele dieser Generation als spießig. Heute zählt die Kunst, mit Small Talk eine positive Atmosphäre zu schaffen und durch angemessenes Benehmen ein kultiviertes Gespräch zu untermauern, wieder zu den wesentlichen Kriterien bei der Personalauswahl. Es dient unter anderem auch dazu, bei Geschäftsessen Spannungen zu reduzieren, unnötige Konflikte zu vermeiden und eine angenehme Stimmung zu erzeugen. Menschen, die in der Kinderstube eine derartige Erziehung verabsäumt haben, sehen sich veranlasst, diesen Mangel durch Knigge-Kurse zu beheben, wenn sie Karriere machen wollen. Ratgeber zum guten Benehmen vor allem im Berufsleben erleben eine neue Blütezeit wie beispielsweise „Der Business Elmayer. So verbinden Sie Karriere mit Stil" und andere.

Zum nonverbalen Ausdruck der Macht zählt auch die räumliche Positionierung in Bezug zum Verhandlungs- oder Konfliktpartner: wie nahe man an ihn herantritt, ob man sich im Sitzen vor- oder zurücklehnt, welchen Platz an einem Konferenztisch man selbst einnimmt und welchen man dem anderen anbietet. Bei schwierigen Gesprächen sollte man sich vorher schon sehr genau überlegen, wer an welcher Position sitzen wird. Weil die Tischordnung wesentlich zum Erfolg von Verhandlungen beiträgt, wurde und wird an den Herrscherhäusern und in der Diplomatie von eigens geschulten Zeremonienmeistern oder Protokollchefs penibel darauf geachtet, die Rangordnung der Macht nicht zu verletzen. Doch selbst bei Familienfesten bekommt man die unangenehmen Auswirkungen zu spüren, wenn man diesbezüglich zu wenig aufmerksam war und die Erbtante an den falschen Platz gesetzt hat.

Werden Gesten, Bewegungsabläufe und Ordnungen über längere Zeit praktiziert, so entstehen Gewohnheiten oder Rituale. Diese haben den Vorteil, dass man weniger Überlegungen anstellen muss und weniger Fehler machen kann. Sie tendieren jedoch dazu, mit der Zeit ihre ursprüngliche Bedeutung zu verlieren, zu erstarren und zur leeren Hülle zu verkommen. Mit dem Auftauchen einer neuen religiösen oder politischen Ideologie ändern sich nicht nur die Werte, sondern auch immer die Rituale der Gesellschaft.

Verbale Sprache und Schrift

Die verbale Sprache ergänzt die nonverbalen Möglichkeiten, die Macht auszudrücken, ja sie nimmt oft sogar eine bedeutendere Rolle ein. Denn während die Körpersprache nur mit großer Mühe ins Bewusstsein gehoben und kontrolliert werden kann, gelingt dies bei der verbalen Sprache zwar nicht ohne Anstrengung, aber doch wesentlich schneller. Schon Kinder lernen durch die Erziehung, dass man nicht immer und überall einfach alles sagen kann, was einem in den Sinn kommt. Der bewusste Einsatz der Sprache bildet die Grundlage der Höflichkeit und Rücksichtnahme und kann nur durch Disziplin und Kontrolle der Spontanreaktionen erreicht werden.

Will man die Sprache als Ausdrucksmittel der Macht erfolgreich einsetzen, achte man sorgfältig auf die Wahl der Worte, die Anwendung der Grammatik wie auch die Wirkung der Stimme selbst: ihre Färbung, die Modulation, Lautstärke und Pausen. Diese sollte mit dem angestrebten Ziel möglichst übereinstimmen oder bewusst als Kampftechnik eingesetzt werden, denn Diskre-

panzen zwischen Inhalt und Körpersprache führen zu Doppelbot-
schaften und irritieren das Gegenüber. Dass die richtige Wahl der
Worte über den Erfolg entscheidet, ist den meisten Menschen eher
bewusst, als dass auch die Wahl der Grammatik ein Ausdrucksmittel der Macht darstellt: Formulierungen in der Vergangenheit
klingen wie ein Vorwurf, Verallgemeinerungen werden leicht als
Angriff verstanden und sachliche Verkürzungen können das
Gegenüber kränken. Es ist eine hohe Kunst, verschiedene Sprach-
stile innerhalb einer Sprache im Sinne einer Fremdsprache bewusst anzuwenden. Die „Ergebnissprache" ist für das Berichts-
wesen und die Kommunikation in Hierarchien angemessen und
die „Beziehungssprache" für die Gestaltung von persönlichen Beziehungen, im Mitarbeitergespräch, bei Schulungen und Klärun-
gen von Missverständnissen (siehe dazu auch: „Ergebnistyp und
Beziehungstyp"). Die Sprache kann ebenso dem Selbstschutz wie
der verbalen Attacke oder der Manipulation dienen. Meister/in-
nen der Sprache besänftigen aufgebrachte Gemüter, verkaufen
teure Produkte oder gewinnen die Massen für ihre politischen
Ideen. Bei der Kommunikation am Telefon, bei Kundengesprä-
chen oder Reklamationen, aber natürlich auch bei privaten Gele-
genheiten kommen der Wortwahl und der Stimme noch größere
Bedeutung zu, weil die optische Wahrnehmung der Körpersprache fehlt und man ganz auf die akustischen Reize angewiesen ist.
    Der mündliche Ausdruck der Sprache wird durch den schrift-
lichen Ausdruck ergänzt. Dies ist besonders im Berufsleben von
Bedeutung, denn während Gesagtes leichter relativiert werden
kann, erlangt Geschriebenes um einiges mehr an Gewicht.
Schriftliches verliert jedoch durch das Fehlen der Körpersprache
und des Klanges der Stimme einen Teil der Zusatzinformationen
und ist daher klarer, aber zugleich auch anfällig für Missverständnisse. Bei Briefen kann man versuchen, diesen Umstand durch die
Wahl des Papiers oder durch das Besprühen mit Parfum auszugleichen. Auch drückt die Handschrift noch etwas von der Persönlichkeit und der Stimmung des Senders aus. Hingegen haftet

der Schrift, die durch die Tastatur erzeugt und auf Normpapier ausgedruckt wurde, kaum noch eine persönliche Note an. Dazu kommt, dass bei E-Mails und SMS die Verfasser dazu neigen, die äußere Form und die Sprache zu verkürzen. Der Vorteil der neuen Kommunikationsmedien liegt auf der Hand, die unangenehmen Folgen davon sind häufig Missverständnisse, die oft erst wieder durch das persönliche oder telefonische Gespräch behoben werden können.

Gegenstände und Symbole, Gebäude und Plätze

Gegenstände dienen als Erweiterung der persönlichen Ausdrucksmittel. Sie können zur Imagepflege, als Geschenk zur Besänftigung, als Drohung oder im Kampf eingesetzt werden. Im Grunde genommen kann jeder Gegenstand im Falle eines Interessenkonfliktes zu einem Machtinstrument umfunktioniert werden, wenn er dazu dient, den eigenen Zielen zum Durchbruch zu verhelfen – sei es ein Stein, ein Blumenstrauß oder ein Schmuckstück. Auch so unverdächtige Dinge wie Kunstgegenstände oder Musik können der Macht dienen. Doch über die aktuelle Verwendung von Gegenständen des Alltags hinaus haben manche von ihnen im Laufe der Geschichte durch ihre ständige Verwendung besondere Bedeutung und damit Symbolkraft erlangt: Ehering, Staatswappen, Kirchenglocken, Scheckkarte – um nur einige willkürlich aufzuzählen. Sie werden landläufig oft auch als Statussymbole bezeichnet und gesellschaftlich höher stehenden Schichten zugeordnet. Beim Ausdruck von Macht geht es jedoch nicht nur um die herrschende Klasse, sondern um die Wirkung von Symbolen allgemein. Auch scheinbar machtlose Menschen oder Gruppierungen verwenden Symbole, um ihre Bedeutung zu erhöhen: Anhänger mit religiöser, emotionaler oder politischer Bedeutung wie Kreuze, Herzen oder eine geballte Faust; Abzeichen oder Bilder von bedeutenden Personen, Kleidungsstücke oder bestimmte Farben.

Auch geografische Orte und Bauwerke werden als Ausdruck der Macht verwendet. Sie sollen durch besonders schöne Landschaft, die Vegetation oder den Ausblick das Gegenüber beeindrucken. Und dass Baumeister und Architekten ein spezielles Naheverhältnis zur Macht hatten und haben, kann man jederzeit bei der Betrachtung von historischen und zeitgenössischen Gebäuden nachvollziehen.

Strukturen in Institutionen, Unternehmen, Staaten

Macht befindet sich als Potenzial nicht nur beim Individuum, sondern auch in den Strukturen von Organisationen oder Gesellschaften. Der Mensch handelt ja nicht in einem undefinierten Raum, sondern immer in einem Sozialgefüge. Die Entscheidungen und Handlungen des Einzelnen werden durch die Wertesysteme seiner Kultur und deren Strukturen beeinflusst. Er kann nur in Bezug – in Übereinstimmung oder im Widerstand – auf die Gesetze und Normen seiner Umgebung handeln. Es wirkt also auch ein Machtstrom von den Strukturen der Gesellschaft auf das Individuum.

Regeln, Normen und Gesetze wurden ursprünglich von Individuen ausverhandelt und für längere Zeit festgelegt. Strukturelle Macht kann man also als eine Art von „Machtspeicher" betrachten: Die einmal beschlossenen Regeln werden von Menschen in einem „Medium" konserviert und von diesen aber, auch von anderen oder späteren Generationen bei Bedarf abgerufen und angewendet. Dazu zählen mündliche/informelle Überlieferungen, Konventionen ebenso wie schriftliche und formelle Vereinbarungen in Form von Verfassungen, Gesetzen oder Normen.

Strukturelle Macht wirkt im Hintergrund über längere Zeit. Sie beeinflusst unser Wertesystem, unsere Moral und Ethik. Sie kann zwar vom Individuum im Einzelfall umgangen oder überwunden, doch nicht kurzfristig verändert werden. Um Machtstrukturen grundlegend zu ändern, bedarf es einer großen Anstrengung meist von vielen über längere Zeit hinweg. Häufig verlaufen solche Umbrüche nicht ohne Verluste und Opfer auf beiden Seiten. So wichtig die Erkundung der persönlichen Machtquellen ist, so wenig sollte man auf die Bedeutung der strukturellen Macht vergessen.

Insignien der Macht

Machtpositionen in Politik, Wirtschaft und Religion waren früher durch deutliche Erkennungszeichen sichtbar: Prunkgewänder, Talare, Uniformen, Ordensgewänder oder die Trachten der Bauern und Handwerker. Mit der Demokratisierung der Gesellschaft wurden die Klassen- und Standesunterschiede weitgehend nivelliert. Aber auch das Tragen von Eheringen, Abzeichen, Orden und Titeln galt bald für viele als wenig zeitgemäß. Die früheren Insignien der Macht verloren ihre Bedeutung, und die heute geltenden sind viel subtiler und schwerer zu entschlüsseln. Man kann kaum noch einen Briefträger von einem Parkwächter und eine Ärztin von einer Krankenschwester unterscheiden. Kategorien wie Arbeiter und Angestellte – früher nach der Farbe ihrer Hemden auch als Blau-Kragen- und Weiß-Kragen-Mitarbeiter bezeichnet – lösen sich auf. Manager amerikanischer Konzerne geben sich betont jovial, das vorgeschriebene „Firmen-Du-Wort" soll Partnerschaftlichkeit signalisieren. Vergeblich sucht man nach den alten Symbolen der Macht und gerät leicht in Gefahr, sich von der suggerierten Gleichheit und Freundschaft täuschen zu lassen. Die Machtverhältnisse zeigen sich erst – und das oft sehr plötzlich –, wenn Beförderungen oder Kündigungen ausgesprochen werden.

In Zeiten der Tabuisierung gehört es zum guten Ton, die Zeichen der Macht zu verbergen – manchmal auch, um dahinter einen noch größeren Freiraum für ihre Ausübung zu schaffen. Doch obwohl die Codes heute weniger offensichtlich sind, lassen sie sich bei einiger Übung doch entschlüsseln: welches Designer-Label man trägt, welche Accessoires die Trägerin als Insiderin ausweisen, welche Typen und Klassen von Firmenautos in der Garage stehen, in welchem Lokal man sich trifft, wen man zu seinem Bekanntenkreis zählt, wie oft man in den Medien zu sehen ist – all das sind neue Insignien der Macht. Diese verdeckten Codes machen es für viele Menschen schwieriger, die Erfolgsleiter zu erklimmen, denn schon der Wechsel von einem Unternehmen zu einem anderen kann zu einer nicht nachvollziehbaren Degradierung führen, weil man die Symbole falsch gedeutet hat.

Inszenierung und Dresscode

Bezieht man alle Bereiche der Ausdrucksmittel der Macht in seine Überlegungen ein, so spricht man von einer „Inszenierung". Die bewusste Gestaltung von Rollen findet nicht nur auf der Bühne und im Film statt, jede/r ist der Regisseur des eigenen Erfolges. Bei einer gelungenen Inszenierung müssen drei Ebenen beachtet werden: der Branchen-, Status-, und Anlassfaktor (siehe DCC-Dresscode-Profil©). Dazu gehört strategisches Styling von Kopf bis Fuß wie Frisur, Rasur und Make-up, die Oberbekleidung und natürlich die Schuhe, aber auch das richtige „Darunter" wie Unterhemd, Slip, BH oder figurformende Wäsche, Socken und Strümpfe. Diese „unsichtbaren" Teile werden in ihrer Wirkung meist unterschätzt. Ein teures Businesskostüm verliert durch den falschen BH und ein Businessanzug durch zu kurze Socken einiges an Statuspunkten. Ebenso werden in die Business-Inszenierung einbezogen: Accessoires wie Brillen, Schmuck, Tücher, Krawatten und Taschen und nicht zu vergessen die technischen Geräte wie Mobiltelefon, BlackBerry und Laptop. Aber auch das Auto und die Büroeinrichtung unterstützen nicht nur Wohlbefinden oder Funktionalität, sondern transportieren Informationen über den/die Nutzer/in. Diese Elemente dienen vor allem dem ersten Eindruck und sind umso sorgfältiger auszuwählen, je weniger Zeit zur Selbstpräsentation zur Verfügung steht und je größer die Konkurrenz ist. Für den Gesamteindruck ebenso wesentlich ist das Verhalten: Benehmen und Auftreten, Sprache und Körpersprache. Während man mit Sachkompetenz oder Verhandlungsstrategie großteils auf der bewussten Ebene agiert, wirken die Insignien direkt auf das Unterbewusste und erreichen ihre Empfänger ohne Umwege. Ja, es kostet sogar einiges an Anstrengung, wenn man sich bewusst gegen ihren Einfluss wehren möchte.

Die meisten Menschen übernehmen den Dresscode ihrer Umgebung automatisch und unbewusst. Manche behalten jedoch den Bekleidungsstil ihrer Ursprungsfamilie, aus Studentenzeiten oder ihres früheren Berufs bei und fühlen sich dann ständig fehl am Platz. Das falsche Outfit kann den Kontakt zu Menschen deutlich erschweren. Man wirkt dann beispielsweise unverlässlich, verschlossen oder arrogant. Vor allem im Beruf unterstützt die richtige Wahl der Kleidung die Durchsetzung von Zielen und reduziert einen möglichen Widerstand von anderen. Sie hilft, bei Konflikten die Oberhand zu behalten oder Angriffe und Übergriffe abzuwehren. Eine gekonnte Inszenierung erleichtert die Kommunikation und hilft Kräfte zu sparen, die man besser für die Inhalte der Präsentation, eine geschickte Verhandlungsführung oder einen harten Kampf verwenden kann.

Viele Menschen entwickeln gegenüber dem Einsatz von Inszenierungen eine starke Aversion. Sie fürchten, nicht mehr „sie selbst" zu sein. Manche meinen, wie ein Hochstapler zu wirken oder sich unehrlich zu verhalten. Sie wollen authentisch bleiben und ihre wahre Persönlichkeit ausdrücken. Diese Überlegung ist verständlich, vernachlässigt jedoch die Tatsache, dass jede Wahl der Kleidung einem System folgt. Dieses ist nur meist unbewusst und wird aus alten Gewohnheiten gespeist. Und weil es meist nicht an die aktuelle Situation angepasst wurde, wirkt es oft unangemessen. Auch für den Dresscode gilt die alte Regel: „Man kann nicht nicht kommunizieren." Alles, was jemand von sich zeigt und auch alles, was jemand unterlässt, transportiert eine Botschaft. Wenn er/sie im Job nicht aussehen will wie alle anderen und seine/ihre Individualität hervorkehrt, dann wirkt das, als würde man gegen die Unternehmenskultur protestieren. Man wird dann eben auch wie ein Rebell oder wie ein bunter Hund behandelt. Wenn er/sie zu freizügig oder leger angezogen in die Arbeit kommt, so vermutet man in ihm/ihr keine aufstrebende, sondern eher eine freizeitorientierte Persönlichkeit. Nun meinen viele, es käme doch auf den Charakter und die Kompetenz und nicht auf die Äußerlichkeiten an. Man muss kein Werbefachmann sein, um die Bedeutung von Design und Verpackung zu verstehen. Wenn diese für die Zielgruppe nicht ansprechend sind, nützt auch der beste Inhalt wenig. Der richtige Dresscode, ja die gesamte Inszenierung erleichtert einfach den Transport des Inhalts und der eigentlichen Botschaften, und man kann die Kräfte für die wesentlichen Herausforderungen einsetzen.

Der Branchenfaktor

Schon früh in der Geschichte der Menschheit diente Bekleidung neben dem Schutz vor Witterung und Verletzung auch der Orientierung im Sozialverhalten. Material, Farbe und Schmuck zeigten die Zugehörigkeit zu einer Gruppe, einem Stamm oder einem Beruf an, wie auch die Ranghöhe, den Sozialstatus. Selbst wenn die Menschen heute subtilere Signale setzen als die Bauern in ihren Regionen und die Handwerker in ihren Zünften, so gibt es dennoch typische „Looks". Ein/e Politiker/in sieht anders aus als ein/e Lehrer/in oder ein/e Künstler/in. Jede Branche hat ihre eigenen „Dresscodes". Techniker/innen unterscheiden sich von Banker/innen, von Ärzten/innen auch durch ihre Art, sich zu kleiden. Dabei gilt, dass die Wahlfreiheit mit der Höhe der Funktion oder der Präsenz in der Öffentlichkeit abnimmt. Am strengsten sind die Regeln der Macht-Insignien im Management und in der Politik. Sechs Kategorien erleichtern beim DCC-Dresscode-Profil die Zuordnung der Berufe:

Branchen:
1. *Klassisch-seriös*
   für Bundespolitik, öffentliche Verwaltung in Großstädten, internationale Konzerne, Finanzdienstleistung, Bank, Versicherung, wirtschaftsnahes Consulting
2. *Modisch-trendig*
   für Mode, Kosmetik, Werbung, Marketing, PR, Lifestyle, einschlägige Ressorts der Medien
3. *Avantgarde-puristisch*
   für Kunst, Kultur, Architektur, Design
4. *Sportlich-bequem*
   für Handel, Technik, Wissenschaft, Bildung, Gesundheit
5. *Regional-traditionell*
   für Tourismus, Lokalpolitik, Aristokratie, Landwirtschaft, Gewerbe
6. *Kreativ-individuell*
   für NGOs (Nichtregierungsorganisationen), multikulturelle Berufe, Esoterik, Psychotherapie, Kunstgewerbe

Bei einer erfolgreichen Inszenierung im Berufsleben ist der *Branchenfaktor* wichtiger als die individuellen Vorlieben und Gewohnheiten der Akteure. Vorsicht ist daher auch bei Farb- und Stilberater/innen geboten, die ihre Typeneinteilung nur nach den Merkmalen der Persönlichkeit vornehmen und die beruflichen Codes außer Acht lassen. Da kann es vorkommen, dass ein Bankdirektor nach der Farbberatung nur noch fliederfarbene Hemden trägt, weil bei seinem Typ die Farbe Weiß nicht vorgesehen ist. Oder eine Ministerin keinen klassischen Hosenanzug tragen will, weil sie laut „Image"-Beraterin ein dramatischer Typ ist, dem asymmetrische kreative Teile besser stehen. Falschverstandene Stylingberatung hat in den letzten 20 Jahren einiges zur Blockade von Frauenkarrieren beigetragen, denn wer sich nicht als zugehörig zur Gruppe zu erkennen gibt und durch sein Outfit signalisiert, dass er/sie die Regeln der Organisation nicht akzeptiert, hat ab der mittleren Führungsebene kaum noch Chancen auf weitere Beförderung. Mehr Freiheiten als Manager/innen und Funktionäre/innen können sich Unternehmer/innen, Freiberufler/innen und Künstler/innen erlauben.

Der Statusfaktor

Das zweite Kriterium für eine erfolgreiche Inszenierung nach dem Branchenfaktor ist der *Statusfaktor*. Die Elemente der Bekleidung sollen die Position in der Organisation oder der Gesellschaft unterstreichen. Hierarchien dienen in Großorganisationen der Koordination von Arbeitsteilung und sind – auch wenn sie keinen guten Ruf genießen – ein Mittel der Effizienz (siehe dazu auch „Die geheimen Spielregeln der Macht"). Sie dienen der Verkürzung der Entscheidungsprozesse, schaffen Klarheit der Verantwortung und der Spielregeln, und dazu gehört auch die rasche Zuordnung des Gegenübers zu seinem Rang.

Statusebenen:
1. Ebene mit höchstem Statusfaktor: Großunternehmer/in (Inhaber/in), Großaktionär/in, Aufsichtsrat, Chefredakteur/in, Professor/in
2. Ebene: (General-)Direktor/in, Vorstand, Geschäftsführer/in, CEO, Unternehmer/in, Spitzensportler/in, Topkünstler/in
3. Ebene: mittleres Management (Bereichs- und Abteilungsleiter/in), Experte/in, mittelständische Unternehmer/in, Freiberufler/in
4. Ebene: unteres Management, Kleinunternehmer/in, Facharbeiter/in, Sachbearbeiter/in
5. Ebene: einfache Angestellte und Arbeiter/innen

Den Statusfaktor gekonnt in eine Inszenierung einzubauen, erleichtert die Durchsetzung von Zielen. Ihn über die Insignien der Macht zur Geltung zu bringen, ist wichtiger, als die persönliche Note zu betonen. Business-Kleidung hat nichts mit Mode zu tun, auch wenn modische Elemente oder Designer-Labels als Statusfaktor bewusst eingesetzt werden können. Aber Funktionalität, Farben, Muster, Materialien müssen mehr dem Dresscode folgen als dem aktuellen Trend.

Der Anlassfaktor

Wie im Indianerstamm oder am königlichen Hof wird die Bekleidung auch in unserer Kultur sowohl als Ausdruck einer Machtdemonstration als auch zum eigenen Schutz verwendet – abhängig vom Anlass der Begegnungen. In der westlichen Welt trägt die männliche Top-Führungskraft „an der Front" einen dezenten dreiteiligen Anzug mit hellem Hemd. Dieser symbolisiert neben der Rangordnung auch eine Art Rüstung. Durch die „kugelsichere Weste" zeigt der Träger, dass er im Falle eines Kampfes geschützt ist, feste Schuhe signalisieren Standfestigkeit und Trittsicherheit. Die Krawatte – obwohl immer wieder totgesagt, bis heute nicht aus der formellen Kleidung wegzudenken – dient als „Kehlschutz". Die Farben der Macht für die Oberbekleidung in den oberen Rängen der Hierarchie von Politik und Wirtschaft sind Schwarz, Dunkelblau und Dunkelgrau und für das Hemd die Kontrastfarbe Weiß. Im Militär ist die Farbe durch die nationale Uniform vorgegeben, im Klerus, bei den Würdenträgern der Religionen signalisieren auch Rot, Orange oder Violett ranghöhere Positionen oder bedeutende Anlässe. Mit der Wahl des richtigen „Kampfanzugs" muss es oft gar nicht zu einem Kampf kommen, denn manches wird durch die entsprechenden Image- und Drohgebärden schon im Vorfeld entschieden. Falls doch ein Kampf notwendig wird, ist dieser mit der passenden Ausrüstung, sprich Kleidung wesentlich leichter zu führen.

Früher waren die Regeln für die Bekleidung der Männer für offizielle Anlässe unumstößlich und wurden bereits von kleinen Jungen internalisiert. Seit den 1970er Jahren wurden die „Dresscodes" zunehmend liberalisiert. Auch heute präsentieren die Medien gerne erfolgreiche Unternehmer, die sich nicht an Bekleidungsvorschriften halten, die im T-Shirt und in Jeans tolle Geschäfte machen. „Kompetenz durch legere Kleidung" lauten die Schlagzeilen sogar in Tageszeitungen. Man versucht, den Irrtum der „Anzug- und Krawattentradition" aufzudecken und möchte beweisen, dass man auch auf diese Weise erfolgreich sein kann. Wenn wir uns jedoch die Schauplätze und die Quellen der Macht in Erinnerung rufen, dann wird klar, dass jemand, der ein Wissensmonopol hat und Feinde nicht fürchten muss, andere Freiheiten genießt als etwa ein Linienmanager in einer Bank. Diese Situation erschwert nun auch für Männer die Orientierung und stellt sie vor dieselbe Frage, die Frauen immer schon bewegte: „Was ziehe ich heute an?" Mit dieser neuen Freiheit verlieren die Männer ihr sicheres „Rüstzeug" auf den Schauplätzen der Macht.

Männer wie Frauen, die ihre Durchsetzungsstrategien unterstützen möchten, sollten nicht vergessen, dass die professionelle Inszenierung der Arbeitskleidung in den meisten Fällen deutlich mehr formelle Anteile aufweisen muss als die Freizeitkleidung, dass ein Betriebsausflug kein Ausflug unter Freunden ist und auch die Sportbekleidung formeller sein muss, dass ein Firmenfest keine Party ist, bei der man auch endlich bekleidungstechnisch alle Regeln über Bord werfen sollte.

Crashkurs: Dresscoding für Business-Frauen

Bekleidungsvorschriften am Arbeitsplatz sind in vielen Berufen geschlechtsneutral. Die Chirurgin, die Richterin, die Polizistin tragen dieselbe Kleidung wie ihre männlichen Kollegen. Diese ist zweckdienlich und signalisiert ganz klar die Macht der Funktion.

Doch in Branchen, in denen man die Kleidung frei wählen kann, sind Frauen – aber auch zunehmend Männer – stark verunsichert, denn sie durchschauen oft nicht, welche unausgesprochenen Spielregeln gelten. Ausgerechnet im Geschäftsleben will die Diskussion über die „Dresscodes" für Frauen nicht enden. Da bemühen sich renommierte Zeitschriften seit Jahrzehnten, ein Bild von der Business-Lady zu entwickeln – und propagieren eine Modetorheit nach der anderen. Im mittleren Management kämpfen Frauen in High Heels und kurzen Röcken für ihre sexuelle Identität an ihrem Arbeitsplatz, obwohl diese dort nicht das Thema ist. Diese Art von „Weiblichkeitswahn", wie ihn die Frauenbewegung schon seit Langem kritisiert, erzeugt immer noch den Eindruck, als würden Frauen nur arbeiten, um einen Mann zu finden, der sie versorgt.

Dass solche Bestrebungen oft gerade von emanzipierten Frauen als Freiheit zur Selbstverwirklichung hartnäckig verteidigt werden, trägt nicht eben zum Erfolg der Gleichberechtigung bei. Mit ihrer Kleidung signalisieren Frauen, die den Erotikfaktor zu stark betonen, ständig, dass sie sich nicht ganz auf die Spielregeln der Arbeitswelt einlassen wollen und dass sie immer noch ein Hintertürchen offen haben und eigentlich nicht arbeiten müssten. Mit dieser Einstellung – und nicht so sehr, weil sie theoretisch Kinder bekommen könnten – nehmen sie sich für höhere Machtpositionen aus dem Rennen, außer sie sind als Alibifrau gefragt. Männer mögen schlecht oder geschmacklos angezogen sein, meist passen jedoch die Insignien der Macht und erleichtern ihnen dadurch die Arbeit. Frauen wollen attraktiv sein, reduzieren oder killen damit jedoch meist ihren Status und erschweren dadurch ihren Erfolg.

Für die konkrete Inszenierung stimmt man die Details am besten mit professioneller Beratung auf die Branche und den Status genau ab. Doch es gibt auch einige allgemeine Richtlinien: Wenn Frauen in Top-Positionen schwierige Verhandlungen zu führen haben, müssen sie für einen Kampf gerüstet sein. Der „Kampfanzug" hat zumindest „zweilagig" zu sein, das bedeutet: immer eine Jacke über Bluse oder T-Shirt! Zur Wahl stehen klassische Kombinationen mit Blazer oder Jacke – keine Muster, keine Rüschen, Asymmetrien oder sonstiger Blickfang. Darunter eine formelle Bluse (beispielsweise eine maßgefertigte DCC-Business-Bluse©), ein dünner Rollkragenpullover oder ein T-Shirt mit dezentem Ausschnitt. Als Krawattenersatz und „Kehlschutz" dient eine kurze Kette aus Edelmetall, Perlen oder echten Steinen. Schmuck wird grundsätzlich äußerst sparsam eingesetzt, er klappert nicht und glitzert nicht. Die Haare sind kurz geschnitten oder gebändigt, also gebunden oder gesteckt, und dienen nicht als erotisches Signal. Zu Röcken sind immer Strümpfe zu tragen, die Schuhe (Pumps) sind nicht fersen- und nicht zehenfrei, sie geben Standfestigkeit und Halt.

Diese Art von Business-Kleidung scheint für manche Frauen (und sehr oft für deren Lebenspartner!) nicht erstrebenswert zu sein, sie verbinden damit Biederkeit oder Vermännlichung. Das muss jedoch nicht sein, denn es gibt erste Beispiele von Top-Frauen, deren Kleidung die nötigen Statuspunkte aufweist und zugleich gut aussieht. Langsam (aber immer noch mit deutlicher Zeitverzögerung) stellen auch die Produzenten die entsprechenden Teile her, sodass die Suche nach den Elementen für die richtige Inszenierung nicht mehr zu einer Expedition ausartet.

Immer mehr Frauen, die keine Lust mehr haben zu jammern, beginnen nun, die Spielregeln der Macht zu durchschauen und ihr Verhalten danach auszurichten. Sie erzielen damit nicht nur mehr Erfolg als andere, sie brauchen dafür auch eindeutig weniger Kraft. Der schnelle Erfolg bei einem professionellen und kräfteschonenden Umgang mit der Macht entschädigt für anfängliches Unbehagen: Kunden sind freundlicher, Mitarbeiter/innen respektvoller, Gehaltsverhandlungen bringen mehr Geld, Überzeugungsarbeit in Meetings geht leichter von der Hand. Sogar der Taxilenker und die Hotelrezeptionistin sind deutlich zuvorkommender. Um den Anlassfaktor richtig zu wählen, macht man am besten vor dem Blick in den Schrank einen Blick in den Termin-kalender: Sind keine schwierigen Gespräche zu erwarten, darf die Rüstung zu Hause bleiben. Schlaue Frauen haben jedoch immer einen formellen Business-Blazer im Büroschrank, denn man kann ja nie wissen, was plötzlich ausbricht.

Daher scheint es für Frauen besonders vielversprechend, ihre Inszenierung zu revidieren, denn oft ist dieses Manko das Einzige, das sie an der Gleichberechtigung im Beruf hindert. Die Erfahrungen unzähliger Vorreiterinnen zeigen, dass es nach kurzer Gewöhnungsphase richtig Spaß macht, selbst die Regisseurin des Machtspektakels zu sein und für eine gelungene Vorstellung den Applaus entgegenzunehmen.

Ausdrucksformen der Macht

Körpersprache, Verhalten und Rituale, verbale Sprache und Schrift, Gegenstände und Symbole, Gebäude und Plätze, Strukturen von Institutionen, Unternehmen, Staaten

---

Insignien der Macht

Professionelle Inszenierung mit dem DCC-Dresscode-Profil©
Branchenfaktor vor modischen Trends
Statusfaktor vor individuellen Vorlieben
Anlassfaktor vor persönlichen Befindlichkeiten

Anregungen zur Selbstreflexion

- ❑ Überdenken Sie Ihre Einstellung zu den Insignien der Macht.
- ❑ Welchen Dresscode setzen Sie selbst ein? (Denken Sie daran, dass jede Wahl der Kleidung einem System unterliegt.)
- ❑ Welche Insignien können Sie in Ihrer Umgebung wahrnehmen?

- ❏ Welche unterstützen die Umsetzung der Ziele und welche erscheinen Ihnen hinderlich?
- ❏ Welcher Branche gehört Ihr Beruf an?
- ❏ Welche Position haben Sie inne?
- ❏ Wie müsste Ihre Inszenierung daher aussehen?
- ❏ Welche Elemente hat Ihr „Kampfanzug"?
- ❏ Welche Widerstände haben Sie gegenüber einer professionellen Inszenierung?

5. Kapitel

Die vier Schauplätze der Macht

Die Ausübung der Macht erfolgt nach unterschiedlichen Regeln, die vom jeweiligen Umfeld und den Aufgaben abhängig sind. Für die Erziehung von Kindern sind andere Maßnahmen sinnvoll als für eine Auseinandersetzung mit Kollegen, und für die Abwicklung eines Geschäftes andere als bei einem Katastropheneinsatz oder beim Fußballverein. In Abwandlung der soziologischen Theorie von der „ausdifferenzierten Gesellschaft" werden hier Unterbereiche der Gesellschaft als *Schauplätze der Macht* bezeichnet. Diese sind wie Spielbretter – jedes hat seine eigenen Spielregeln, und wenn jemand auf einem Schachbrett nach den Regeln von „Mensch ärgere dich nicht" spielt, kann das nicht funktionieren. Machtinstrumente zeigen unterschiedliche Wirkung, je nach dem, auf welchem Schauplatz sie eingesetzt werden. Was in einem Bereich zielführend und sinnvoll ist, kann in einem anderen irritierend oder kontraproduktiv sein. Auf jedem Schauplatz existiert ein eigenes Wertesystem, das die optimale Erfüllung seiner Aufgabenstellung unterstützt. Es gibt dem Individuum Orientierung und erleichtert seine Entscheidungen.

Während gesellschaftliche und persönliche Wertesysteme die Grundlage für die Legitimation der Machtausübung bilden, liefern die Wertesysteme der Schauplätze weitere Kriterien zur Auswahl von Handlungsstrategien. Auch wenn sich Machtinstrumente nicht grundsätzlich bestimmten Schauplätzen zuordnen lassen, eignen sich manche doch an einem Ort besser als andere. Wir unterscheiden vier Schauplätze der Macht: *das Haus, der Markt, die Burg* und *der Tempel.*

Das Haus

Bis zur Ausprägung der arbeitsteiligen Gesellschaft waren Beruf und Privatleben kaum voneinander getrennt. In Agrar- oder Handwerkskulturen befand sich der Arbeitsplatz im oder doch nahe am Wohnort. Auch Arbeitszeit und Freizeit wurden nicht gesondert betrachtet, denn Erholung und Geselligkeit bestimmten nicht die Stechuhr, sondern Jahreszeiten und religiöse Rituale. Alle Bewohner des Hauses waren in die Erfüllung der täglichen Pflichten eingebunden, biologische Kriterien regelten weitgehend die Arbeitsverteilung zwischen Mann und Frau: die Frauen bei den Kindern und die Männer bei der schweren körperlichen Arbeit. Auch Kinder und Alte halfen nach ihren Möglichkeiten mit, die notwendigen Aufgaben zu erledigen, und kranke Personen wurden von den leistungsfähigen Individuen so weit wie möglich mitgetragen. Ein starker Existenzdruck schmiedete die Mitglieder aneinander, denn die Erhaltung des Gesamtsystems lieferte gleichzeitig eine Überlebensgarantie für den Einzelnen. Dies verlangte die Rückstellung persönlicher Wünsche hinter das gemeinsame Ziel, die Menschen hatten kaum eine andere Wahl, als sich in diese Struktur einzufügen. Das Individuum verfügte nur über geringe Möglichkeiten zur Entfaltung, Interessenkonflikte wurden durch starre Normen möglichst gering gehalten und Verstöße gegen das Regelsystem streng geahndet.

In den heutigen westlichen Industriegesellschaften gehört zum Schauplatz *Haus* ein wesentlich kleinerer Teil der Aufgaben. Er umfasst nur noch selten die Erwerbsarbeit, sondern vor allem die persönlichen Beziehungen wie Ehe, Partnerschaft, Kinder, Eltern, Verwandtschaft und Freundschaft. Hier ist Raum für Sexualität, Ernährung, Regeneration und Geselligkeit, Erziehung der Kinder und Pflege der älteren Menschen – sofern diese nicht in Institutionen ausgelagert sind. Weil (nahezu) jeder Mensch in der Kindheit Erfahrungen mit diesem Schauplatz macht, bilden diese die Grundlage unseres Wertesystems und sind tief im Unterbewusstsein verankert. Jeder hat seine speziellen Vorstellungen über die Werte der Familie, was richtig und falsch, gut und böse ist, und überträgt diese auf alle anderen Bereiche des Lebens.

Unabhängig von der Größe des Schauplatzes ist das Wertesystem im Haus geprägt von der persönlichen Fürsorge um jedes einzelne Mitglied. Dazu braucht man Sensibilität und Rücksichtnahme, Verzicht und Opferbereitschaft, Gerechtigkeit und Ehrlichkeit. Soll die lebensnotwendige Geborgenheit in den persönlichen Beziehungen entstehen können, sind auch Kontinuität und Authentizität unerlässlich.

In unserer Kultur werden Konflikte im Haus vorwiegend über die Macht der Gefühle ausgetragen. Dafür steht das gesamte Spektrum zur Verfügung: Bevorzugung oder Liebesentzug, Akzeptanz oder Schuldzuweisungen, sexuelle Hingabe oder Verweigerung, Unterstützung oder Unterdrückung. Die Macht der Materie spielt eine große Rolle, weil Kinder und Geld oft die Hauptthemen der Interessenkonflikte sind. Diese Machtbereiche werden auch heute noch weitgehend nach alter „Haustradition" von Männern und Frauen getrennt bespielt.

Das Haus
ist der Ort der intimen Beziehungen,
hier werden Menschen „produziert" und regeneriert.
Werte: Fürsorge, Rücksichtnahme, Verzicht, Gerechtigkeit,
Ehrlichkeit, Geborgenheit, Kontinuität, Authentizität

Der Markt

Der Schauplatz *Markt* ist das Symbol für die Produktion und den Handel mit Waren und Dienstleistungen. Während im Haus die emotionalen Grundbedürfnisse abgedeckt werden (sollten), können auf dem Markt die materiellen Bedürfnisse befriedigt werden, können die Teilnehmer Wohlstand erwerben und Karriere machen. War früher ein isolierter Stamm zum Verhungern verurteilt, wenn es eine Missernte gab, so konnte er auf einem Marktplatz vielleicht seine Felle gegen Getreide eintauschen.

Der Markt eröffnet auch Chancen, wirksame Heilmittel oder Stoffe für Kleider zu erwerben sowie Handwerk und Dienstleistungen zu spezialisieren. Damit veränderte sich auch die Einstellung gegenüber den Produkten. Diese erfuhren durch ihre „Objektivierung" als Tauschobjekte auf dem Markt eine neue Bewertung. Im Haus dienen Obst und Gemüse aus dem eigenen Garten lediglich dazu, den Hunger zu stillen, und diesen Zweck erfüllen sie auch, wenn sie sauer oder nicht besonders schön gewachsen sind. Am Markt zählt hingegen unabhängig vom ursprünglichen Nutzen ein neues Qualitätskriterium – die „Vermarktbarkeit", der Tauschwert. Wenn nämlich die eigenen Äpfel keinen Käufer finden, weil die des Nachbarn besser schmecken, beginnt eine eigene Dynamik zu wirken. Es entsteht der Wettbewerb. Produkte und Arbeit dienen nicht mehr einfach der Befriedigung der Bedürfnisse aller Bewohner im Haus, sondern sie werden im Wettbewerb gegen andere Marktteilnehmer eingesetzt und werden zur *Ware*. Damit sind auch neue Fähigkeiten wie Erkennen der Nachfrage, Darstellen des Angebotes und Verhandlungsgeschick gefragt. Werbung und Marketing spielen im heutigen Markt eine große Rolle, denn man muss im Konkurrenzkampf bestehen. Diese Entwicklung wurde bis in unsere Zeit ständig beschleunigt, und heute kennt der globalisierte Markt beim Austausch von Gütern und Dienstleistungen keine Grenzen mehr.

In unserer Gesellschaft ist die Aufgabe am Schauplatz Markt die Entwicklung, Erzeugung und ständige Veränderung von Produkten und Dienstleistungen, die Suche nach Abnehmern und das Erzielen von Gewinnen. Um diese Ziele zu erreichen, muss immer öfter die Kooperation hintangestellt und der Kampf geführt werden. Die am Markt beteiligten Menschen sind keine Gemeinschaft, in der jeder für die anderen Sorge zu tragen hat, sondern potenzielle Gegner. Jeder Einzelne muss auf seinen eigenen Vorteil achten und sich gegen Übergriffe wehren. Kinder, Kranke und Alte haben hier kein Betätigungsfeld, es beteiligen sich nicht mehr alle Personen unabhängig von ihrer Leistungsfähigkeit. Der Markt ist der Ort für leistungsfähige Individuen. Das Wertesystem am Schauplatz Markt wird vom Leistungsprinzip dominiert. Wettbewerb und Konkurrenz sind Herausforderungen, denen man sich stellen kann oder muss, denn eine Auslese dient der Steigerung der Qualität. Auf dem Markt ist es erlaubt, ja sogar gefordert, den eigenen Nutzen zu maximieren und den Gegner zu übertrumpfen. Dazu braucht man Risikobereitschaft, gesunden Egoismus und einen Hang zur Selbstdarstellung.

Die Ausübung der Macht auf dem Markt der westlichen Gesellschaften erfolgt zu einem großen Teil über die Macht des Wissens und der Kontakte. Netzwerke, Lobbys, Clubs und Seilschaften werden genützt. Doch auch die Macht der Herkunft, die Abstammung aus einer einflussreichen Familie und natürlich die Macht der Materie in Form von Geld und Besitz finden hier ihre Anwendung. Je komplexer das Wirtschaftssystem ist, umso mehr gewinnt auch die Macht der Funktion an Bedeutung.

Der Markt
ist der Ort des Leistungsprinzips,
hier werden Güter produziert und gehandelt.
Werte: Leistungsbereitschaft, Wettbewerb, Gewinn,
Qualität, Risikobereitschaft, gesunder Egoismus,
Selbstdarstellung

Die Burg

Die Fähigkeit der Menschen zur direkten Kommunikation mit anderen ist begrenzt. Maximal etwa 50 Menschen können miteinander eine Gemeinschaft bilden, in der noch jeder mit jedem direkt zu tun hat. Wenn die Anzahl der Menschen größer wird, werden ihre Beziehungsgeflechte so komplex, dass sich entweder die Gruppe teilt oder sich eine neue Struktur, eine „Metaebene" entwickelt – der Schauplatz *Burg*.

Die Burg hat die Aufgabe, komplexe Gesellschaftssysteme zu strukturieren, die Menschen vor Gewalt innerhalb der Gemeinschaft und vor Feinden zu beschützen sowie bei Katastrophen zu helfen. In der Burg werden Gesetze beschlossen, da wird Recht gesprochen und ein Sicherheitsapparat eingerichtet. Unabhängig von der Regierungsform sind die Herrschenden zuständig für die Gestaltung der Politik und die Repräsentation nach innen und nach außen, damit die Bürger/innen in Ruhe ihrem Tagwerk nachgehen und ein geregeltes Leben führen können. All das muss auch verwaltet und vor allem finanziert werden. Da die Burg selbst keine Güter produziert, erhält sie ihre Mittel vom Haus und vom Markt über Abgaben und Steuern.

Bestand die Burg bei einem Indianerstamm nur aus dem Zelt des Häuptlings und den ältesten Kriegern, nahm sie im Mittelalter wesentlich mehr Raum ein. Im Laufe der Entwicklung wechselten immer mehr Leute aus dem produktiven Sektor ganz in die Verwaltung über, in den Beamtenstand. Andere wurden hauptberuflich zum Schutz der Gemeinschaft eingesetzt, Polizei und Militär entwickelten sich zu eigenen Berufsständen. In Ländern mit einer hoch entwickelten Administration muss die Burg ihre Existenzberechtigung laufend rechtfertigen, denn eine Über- wie auch eine Unterdimensionierung kann das gesamte Gemeinschaftsgefüge zum Einsturz bringen. In unserer Gesellschaft durchlief dieser Schauplatz einen stetigen Wachstumsprozess, der sich trotz vieler Versuche der Verwaltungsreformen kaum stoppen lässt.

Das Verhältnis von öffentlicher Verwaltung, Polizei und Militär zu den produktiven Kräften ist ein ständiges Diskussionsthema der Politik. Zur Durchsetzung des gemeinsamen Zieles, nämlich dem Einzelnen und dem Gesamtsystem Sicherheit und Beständigkeit zu bieten, wurde in modernen Demokratien die Akzeptanz des „Gewaltmonopols" der Burg durchgesetzt. Das bedeutet, dass nur der Staat zum Einsatz von Gewalt legitimiert ist.

In vielen Kulturen werden die Alten stark in die Aufgaben der Burg eingebunden. Nicht ihre physische Leistungsfähigkeit ist dort gefragt, sondern ihre Lebenserfahrung und ihre Weisheit. Abgesehen davon sind hier wie auch am Markt nur die leistungsfähigen Individuen beteiligt. Das Wertesystem am Schauplatz Burg ist durchdrungen von dem Wunsch nach Aufrechterhaltung von Sicherheit und Ordnung. Dazu sind klare Strukturen, effiziente Kontrolle sowie gute Organisation nötig. Gefordert werden Loyalität gegenüber dem Gesamtsystem und eine Affinität zum Beschützen und Bewahren.

Die Durchsetzung der Ziele erfolgt auf dem Schauplatz Burg durch die Macht der Funktion, denn der Großteil der hier beschäftigten Menschen sind „Amtsinhaber" oder Politiker, doch auch die Macht der Kontakte zählt stark. Die Macht der Gefühle wird über die Sehnsucht nach Sicherheit und die Aktivierung von Ängsten ausgeübt. Über Steuern und die Umverteilung von Geldmitteln sowie die Ausübung physischer Gewalt ist auch die Macht der Materie wirksam.

Die Burg
ist der Ort des Gemeinwesens,
hier werden Strukturen produziert und verwaltet.
Werte: Sicherheit, Ordnung, Kontrolle, Loyalität,
Beschützen, Bewahren

Der Tempel

Der *Tempel* ist der Schauplatz, wo der Mensch sich seiner selbst bewusst wird. Hier werden Erklärungen über die Zusammenhänge der Welt und den Ursprung des Universums gesucht, Mythen geboren und Religionssysteme geschaffen. Die zentralen Fragen „Woher kommen wir?", „Was ist unsere Berufung?", „Wohin gehen wir?" finden im Tempel immer neue Antworten. Im Laufe der Geschichte wurden dafür immer mehr Wissensgebiete herangezogen, und es entstanden Forschung und Wissenschaften.

Am Schauplatz Tempel befriedigen die Menschen vor allem an die Existenz rührende geistige Bedürfnisse, wie die Suche nach den letzten Wahrheiten, die Sehnsucht nach Einheit, Ganzheit und Dauer, nach Transzendenz des beschwerlichen Erdenlebens. Es gilt, die Angst vor dem Unbekannten zu bannen und ein Verständnis der Zusammenhänge zu finden. Der Tempel deckt auch jene Belange ab, bei denen der Mensch mit seiner „Schulweisheit" nicht mehr weiterkommt. Erforschung, Erklärung und Strukturierung des jeweils unverstandenen Bereiches einer Gesellschaft sowie die Integration des Irrationalen fallen in seinen Aufgabenbereich. Besonders die Irritation durch den Tod, aber auch schwere Krankheiten, psychische Belastungen und Krisen aller Art, sowie die Angst vor den Naturgewalten werden im Tempel bewältigt und erleichtert. Zur Unterstützung für diese komplexe Aufgabe entwickelten sich Rituale, Verhaltensregeln und Erklärungsmodelle. Kunstformen, bildliche Darstellung, Tänze und Gesänge sollen helfen, in Kontakt mit der „jenseitigen Welt" zu treten und ihre Unterstützung zu gewinnen.

Während im Haus die Nähe, auf dem Markt die Leistung und in der Burg die Sicherheit des Zusammenlebens als Werte dominieren, ist der Schauplatz Tempel jener Ort, an dem das Wahre, Gute und Schöne einer Gesellschaft, die Vorstellung vom „guten Menschen" definiert wird: Ein wohlgefälliges Verhalten kann die Götter bereits im Diesseits gnädig stimmen oder ein gutes Leben

126

nach dem Tod ermöglichen. Der Tempel liefert Antworten für die aktuellen Herausforderungen einer Gesellschaft und bietet den Menschen Orientierung und ist ein Zufluchtsort für alle, denen die Bewältigung des täglichen Lebens zur Last wird. Die Themen auf dem Schauplatz Tempel sind: Magie, Rituale, Religion, Metaphysik, Spiritualität, Wissenschaft und Kunst.

Die Mitglieder des Tempels bilden eine Gemeinschaft, die nicht nach der Blutsverwandtschaft geregelt ist, sondern nach dem Prinzip „Brüder und Schwestern im Geiste". Glaubensgemeinschaften können über die ganze Welt verstreut sein und dennoch ihre Mitglieder wie nahe Verwandte behandeln. In nahezu allen Kulturen werden im Tempel Mitgefühl und das Bestreben nach Einheit und Ganzheit gefordert. Ein klarer Zustand des Geistes, der durch Meditation oder Trancetechniken, durch Muße und Einfachheit gefördert wird, sowie eine Relativierung der „weltlichen" Werte sollen Objektivität und Distanz erzeugen, die für diese Aufgaben benötigt werden.

Auch der Tempel ist kein machtfreier Raum. Der Umgang mit Interessenkonflikten drückt sich innerhalb der Organisation über die Macht der Funktion aus und nach außen durch die Macht der Überzeugung. Der Bereich der Reproduktion ist in vielen Kulturen vom Tempel ausgeschlossen, und mit ihm auch die Frauen.

Der Tempel
ist der Ort der geistigen Auseinandersetzung,
hier werden Wissen und Glauben produziert und
kontrolliert.
Werte: Orientierung, Mitgefühl, Einheit, Ganzheit, Sinn,
Transzendenz, Wahlverwandtschaften

Schauplätze im Wandel der Zeiten

Vor der Ausdifferenzierung einer Gesellschaft fanden alle Aktivitäten im Schauplatz Haus statt. Er allein war dazu da, die Grundbedürfnisse des Menschen abzudecken, wie Ernährung, Unterkunft, Schutz vor wilden Tieren oder vor Angriffen durch andere Menschen. Die Produktion und Verteilung der lebensnotwendigen Güter wurde ebenso im Haus vorgenommen wie die Organisation und Verwaltung des eigenen Systems und der Schutz vor Gefahren. Auch der Umgang mit Geburt und Tod sowie die „jenseitige Welt" waren im Haus integriert. In früheren Kulturen (aber auch noch in unserer Gesellschaft, zum Beispiel in entlegenen Bergbauernhöfen) gestaltete eine Hausgemeinschaft weitgehend autark das Leben aller Beteiligten und sicherte das Überleben der Bewohner.

Weitere Schauplätze entstanden immer dann, wenn Gemeinschaften sich entwickelten und zu wachsen begannen. Die Auslagerung einzelner Bereiche aus dem Hausverband dient dann der Bewältigung der immer komplexer werdenden Aufgaben. Produktion und Handel, Verteidigung und Verwaltung sowie die geistige Auseinandersetzung mit der Welt bilden sukzessive eigene, vom Haus weitgehend unabhängige Bereiche. Mit dieser Trennung verselbstständigen und verändern sich allerdings auch die Wertesysteme. Die Spielregeln der Macht auf den einzelnen Schauplätzen gestalten sich so unterschiedlich, dass sie sich heute in den westlichen Industriestaaten als weitgehend getrennte Welten darstellen.

Dominanz der Schauplätze

Alle vier Schauplätze unterliegen einem ständigen Wandel. Bereiche wie Gesundheit, Altenpflege, Kindererziehung, Bildung und Regeneration wanderten vom Haus erst in den Tempel, wo Ordensspitäler, Klosterschulen oder Armenhäuser eingerichtet wurden. Danach gelangten sie im 18. Jahrhundert zunehmend in den Bereich der Burg, es entstanden staatliche Krankenhäuser und Schulen, die allgemeine Schulpflicht wurde eingeführt, der Gesundheitszustand der Bevölkerung verbessert. In den neoliberalen Gesellschaften dringen nun immer mehr Aufgabenbereiche in den Schauplatz Markt ein. Das Kalkül der Rentabilität dringt in alle Nischen und erzeugt die uns bekannten Probleme, denn in Zeiten der Privatisierungen und der Ansprüche auf ständig steigende Gewinne wird die Finanzierbarkeit der Sozialbereiche immer schwieriger.

Der Schauplatz Haus entwickelte sich von der Sippe über die Großfamilie zur Kleinfamilie zur Rumpffamilie bis zum Single. In den letzten 30 Jahren wurden immer mehr Aufgaben aus dem Haus ausgelagert: die Erziehung in den Kindergarten, das Kochen in die Industrie oder das Restaurant, die Altenpflege in die Heime. Zurück blieb nur noch ein kleiner, weiterhin schrumpfender Bereich. Dieser Prozess hält noch weiter an und hat in unserer Gesellschaft zu einer Reduktion des Schauplatzes Haus geführt. Ebenfalls im Schrumpfen begriffen ist der Schauplatz Tempel. Wissenschaft und Kunst werden zunehmend kommerzialisiert und fallen damit dem Markt zu. Der Schauplatz Markt durchdringt alle anderen Bereiche, selbst die Politik (Burg) ist ihm gegenüber bereits ins Hintertreffen geraten. Das Schlagwort von der Ökonomisierung der Gesellschaft bedeutet aus der Sicht Macht, dass der Markt zurzeit der größte Schauplatz ist und immer noch ein Zustrom aus den drei anderen Schauplätzen stattfindet. Durch diese Dominanz breiten sich auch seine Spielregeln in allen Bereichen des Lebens aus.

Neben den großen gesellschaftlichen Problemen, die diese Situation mit sich bringt, gerät vor allem das Individuum unter immer stärkeren Druck. Der Schauplatz Haus ist bereits so reduziert, dass er seine Aufgabe, den Kindern einen geschützten Platz zum Aufwachsen, den Erwachsenen Geborgenheit und Regeneration und den Alten einen würdigen Lebensabend zu bieten, nicht mehr ausreichend erfüllen kann. Weil der/die Einzelne nicht in der Lage ist, die Aufgaben allein zu bewältigen, wird es zu einer Veränderung und einer neuen Arbeitsteilung zwischen den Schauplätzen kommen müssen. Ob dies bereits durch die aktuelle Finanz- und Wirtschaftskrise ausgelöst wird oder eine weitere Radikalisierung des Marktes bevorsteht, ist noch nicht abzusehen.

Wanderer zwischen den Welten

In früheren Zeiten wurde ein Bauernsohn wieder Bauer, ein Adeliger blieb in der Burg, für die Mädchen war Heiraten und Kinderbekommen vorgesehen, Priester und Nonnen wurden schon in jungen Jahren für den Tempel bestimmt. Durch diese Kontinuität konnten die Wertesysteme eines Schauplatzes und die Spielregeln der Macht unbewusst internalisiert und sicher eingesetzt werden. Heute steht dem Menschen prinzipiell jede Möglichkeit offen, die Schauplätze im Laufe seines Lebens mehrmals zu wechseln – vom Haus zum Markt, von der Burg ins Haus, vom Tempel in die Burg. Im kleinen Rahmen findet der Wechsel sogar mehrmals täglich statt: Man geht vom Frühstück mit der Familie im Haus zu seinem Arbeitsplatz auf dem Markt oder in der Burg und engagiert sich vielleicht ehrenamtlich in einem sozialen Bereich. Die meisten Menschen sind in die neuen Freiheiten hineingewachsen und bewegen sich auf allen Schauplätzen. Probleme entstehen meist durch die unreflektierte Übertragung der unterschiedlichen Spielregeln der Macht von einem Schauplatz auf den anderen, was neben anderen Gründen eine wesentliche Ursache für mangelnden Erfolg und wachsenden Stress ist. Diese Kompetenz entsteht in den meisten Fällen nicht von selbst, sondern muss bewusst erworben werden. Es zählt heute zu den Schlüsselqualifikationen, sich in allen Bereichen der Gesellschaft angemessen bewegen zu können.

> Die vier Schauplätze der Macht
> entwickeln unterschiedliche Wertesysteme,
> und diese bestimmen die Spielregeln.
> Gesellschaftssysteme werden durch die Dominanz der
> Schauplätze geprägt.

Anregungen zur Selbstreflexion

Die vier Schauplätze der Macht

Das Haus
ist der Ort der intimen Beziehungen.
Hier werden Menschen „produziert" und regeneriert.
Werte: Fürsorge, Rücksichtnahme, Verzicht, Gerechtigkeit, Ehrlichkeit, Geborgenheit, Kontinuität, Authentizität

Der Markt
ist der Ort des Leistungsprinzips.
Hier werden Güter produziert und gehandelt.
Werte: Leistungsbereitschaft, Wettbewerb, Gewinn, Qualität, Risikobereitschaft, gesunder Egoismus, Selbstdarstellung

Die Burg
ist der Ort des Gemeinwesens.
Hier werden Strukturen produziert und verwaltet.
Werte: Sicherheit, Ordnung, Kontrolle, Loyalität, Beschützen, Bewahren

Der Tempel
ist der Ort der geistigen Auseinandersetzung.
Hier werden Wissen und Glauben produziert und kontrolliert.
Werte: Orientierung, Mitgefühl, Einheit, Ganzheit, Sinn, Transzendenz, Wahlverwandtschaften

131

- ❑ Stellen Sie fest, auf welchen Schauplätzen der Macht Ihr Leben bisher hauptsächlich stattgefunden hat. Das heißt, welche Werte und Spielregeln sind Ihnen vertraut?
- ❑ Auf welchen Schauplätzen spielt sich Ihr aktuelles berufliches Leben ab?
- ❑ Welche Schauplätze sind Ihrer Lebenspartnerin, Ihrem Lebenspartner vertraut? Auf welchen spielt sich ihr/sein aktuelles berufliches Leben ab?
- ❑ Analysieren Sie einen anstehenden Interessenkonflikt auf der Basis der Werte und Spielregeln der Macht auf unterschiedlichen Schauplätzen.
- ❑ Klären Sie mit sich ab, wieweit Ihre Lebensbereiche und Ihre Wertesysteme übereinstimmen und ob Sie Kraft und Zeit brauchen, um Differenzen immer wieder auszugleichen.
- ❑ Überlegen Sie, welche Machtinstrumente Sie auf welchen Schauplätzen einsetzen und ob Sie damit erfolgreich sind.

6. Kapitel

Männermacht und Frauenmacht

Über Jahrtausende herrschte zwischen den Geschlechtern eine komplementäre Arbeitsteilung. Die Aufgabenbereiche ergänzten einander: Frauen wirkten im Innenverhältnis einer Gesellschaft, Männer im Außenverhältnis. Die Sozialisation der Frau war auf ihre Bestimmung als Hausfrau und Mutter ausgerichtet, im Mittelpunkt stand die Versorgung von Mann, Kindern und Angehörigen. Abhängig vom Kulturkreis und der sozialen Schicht fielen daneben auch noch Arbeiten in ihren Verantwortungsbereich, die im Haus oder in seiner näheren Umgebung durchzuführen waren, wie Gartenarbeit, Feldarbeit oder die Herstellung von Bekleidung und Kunstgegenständen. Die Frauen entwickelten in diesem „Innenverhältnis der Gesellschaft" mit seinen kleinräumigen Strukturen und persönlichen Beziehungen ihre Kompetenzen und auch funktionierende Machtstrategien. Die „Frau des Hauses" war in ihrem Bereich allein verantwortlich, Männer hatten hier nichts zu reden.

Der Mann verfügte über einen größeren räumlichen Aktionsradius. Er ging auf die Jagd, auf Handels-, Entdeckungs- und Forschungsreisen, zog in den Krieg oder konnte Produktionsstätten fern des Hauses betreiben. Die Männer entwickelten in diesem „Außenverhältnis der Gesellschaft" mit seinen hierarchischen Strukturen und den wechselnden Ansprechpartnern ihre Kompetenzen und funktionierende Machtstrategien.

Traditionelle Machtverteilung

Aus dieser komplementären Aufteilung der Macht entstanden die Rollenklischees der Geschlechter, die auch heute noch so wirksam sind, dass die Verhaltensweisen und Werte des Schauplatzes Haus als „Frauenmacht" und alle anderen als „Männermacht" gelten. Dies mutet heute ungerecht an und ist der Hauptkritikpunkt der Frauenbewegung. Gleichheit ist jedoch eine Frage der Definition. Auch komplementäre Arbeitsteilung kann durchaus ausgeglichen sein – stellt sie doch auch eine Art von Halbe-Halbe dar. Die Bedingungen für Gerechtigkeit zwischen den Geschlechtern sind in diesem Fall sauber getrennte Machtbereiche, Akzeptanz der gegenseitigen Abhängigkeit sowie beiderseitiger Respekt vor der Leistung des anderen. Diese Aufteilung der Arbeitsbereiche und damit der Machtsphären war aufgrund der biologisch bedingten unterschiedlichen Voraussetzungen der Geschlechter lange Zeit gar nicht anders denkbar. Reproduktions-, Erziehungs- und Pflegeaufgaben auf der einen Seite, Einsatz von Körperkraft zur Beschaffung von Nahrung, Herstellung von Behausung und Schutz vor Feinden auf der anderen Seite galten in den meisten Kulturen als selbstverständlich. Die traditionelle Arbeitsteilung kann man auch nicht nur als Unterdrückung der Frauen durch das Patriarchat abtun, sie war durchaus in vielen Epochen eine Erfolgsgeschichte. Und sie existiert ja in manchen Beziehungen auch heute noch ohne Probleme.

Bei traditioneller Machtverteilung hatten (und haben) die Frauen als Gattin, als Frau des Hauses, als Mutter und als Geliebte im Innenverhältnis der Gesellschaft einen großen

Machtspielraum und in diesen Rollen eine hohe gesellschaftliche Akzeptanz. Jahrhundertelang nahmen Frauen indirekt über die Macht der Gefühle mit dem Einsatz von Fürsorge und Sexualität auf die Männer und damit auf die Entwicklung der anderen Schauplätze Einfluss. Die traditionelle Arbeitsteilung war auch in unserer Kultur das vorherrschende Modell: Den Frauen waren die Bereiche wie Gefühle, Intimität, Partnerschaft, Kinder, Familie, Kommunikation, Gesundheit, Regeneration, Geborgenheit, Harmonie zugeordnet. Sie entwickelten die notwendigen Eigenschaften, die dann als „weiblich" bezeichnet wurden. Den Männern oblagen die Bereiche Erwerbsarbeit, Geld, Effizienz, Politik, Militär, Wissenschaft, Organisation, Technik, Leistung, Sex, Konkurrenz, Kampf. Eigenschaften, die mit diesen Bereichen in Zusammenhang stehen, gelten als männlich. Durch diese Jahrtausende andauernde Rollenverteilung wurden die menschlichen Eigenschaften zwischen den Geschlechtern aufgeteilt und werden auch heute noch als männlich oder weiblich bezeichnet.

Die Sichtweise der Unterdrückung und Ungleichbehandlung der Frauen entstand zur Zeit der industriellen Revolution durch die geänderten ökonomischen Bedingungen in der Gesamtgesellschaft. Die Arbeit der Frauen wurde zunehmend als „unproduktive" Arbeit begriffen. Unabhängig davon, wie viel diese auch weiterhin an Versorgungsdiensten für Kinder, Alte und Kranke leisteten – nach außen dominierten die „männlichen" Schauplätze mit größerem Spielraum, besserem Image und dem alleinigen Zugang zu den Ressourcen. Dieses Ungleichgewicht hatte Auswirkungen auf die Verteilung der Macht: Das Haus fiel unter den Machtanspruch der männlichen Schauplätze, die in der Rangordnung aufstiegen. Männer hatten das Recht über Frauen und Kinder, sie verfügten über die Macht des Geldes, der Herkunft, des Wissens sowie über gesellschaftliche und religiöse Normen, auch über die Macht der Überzeugung.

Neue Forderung: Halbe-Halbe

Durch die Entwicklung der Technik zählte die Körperkraft nicht mehr als Hauptfaktor für die Erwerbsarbeit. Demokratisierung und Rechtsstaatlichkeit reduzierten Gewaltanwendung und Willkür. Der breite Zugang zur Geburtenkontrolle und die Chancen auf Bildung eröffneten Frauen den Zugang zur Außenwelt. Genau in dieser historischen Wende entstand vor etwa hundert Jahren die Frauenbewegung mit ihrem Wunsch nach Neuverteilung der Aufgaben und Neuordnung der Machtverhältnisse. Nicht mehr die Biologie soll als Aufteilungskriterium für Innenwelt und Außenwelt gelten, sondern beide Welten sollen gleichermaßen beiden Geschlechtern zur Verfügung stehen. Der Anspruch lautet, „Halbe-Halbe" neu zu definieren. Seit damals fordern die Frauen die Hälfte der Männermacht und bieten die Hälfte der Frauenmacht. Jedem Geschlecht soll die Hälfte beider Hälften zustehen – also eigentlich „zwei Viertel-zwei Viertel". Das Gleichgewicht der Macht soll nun nicht mehr durch Ergänzung, sondern durch Gleichverteilung der Bereiche erreicht werden.

Während Frauen aktiv nach den Machtbereichen in der Außenwelt, die bisher den Männern vorbehalten waren, streben, müssen Männer eher genötigt werden, ihren Teil in der inneren Hälfte zu besetzen. Jedenfalls ist es heute erwünscht und zunehmend auch gesetzlich geregelt, dass beide Geschlechter Aufgaben in beiden Hälften der Welt wahrnehmen. Es kommt zu neuen Chancen und neuen Rollenbildern.

Doch die Halbe-Halbe-Ideologie scheint trotz starker Bemühungen bei ihrer Umsetzung zu stocken. Die Gleichverteilung will nicht gelingen, denn bei den Überlegungen wurden wesentliche Gesetzmäßigkeiten außer Acht gelassen, die sich erst in den letzten Jahren deutlich bemerkbar machen. Die Tatsache, dass in der Innenwelt andere Machtverhältnisse herrschen als in der Außenwelt, dass in der Familie andere Durchsetzungsstrategien wirksam sind als in Politik und Wirtschaft, fand zu wenig Beachtung. Projektionen und Unterstellungen über den jeweils anderen Bereich sind auch heute noch häufiger zu finden als Beobachtungen und Analysen. Auch Frauenforscher/innen agieren auf der Basis von Fehleinschätzungen, wenn sie immer wieder behaupten, die Spielregeln der Außenwelt wären nur deswegen so schlecht, weil sie von Männern gemacht wurden. Heute ist bereits abzusehen, dass Frauen, würden sie die Macht in der Außenwelt übernehmen, auch nicht wesentlich andere (bessere) Regeln erfinden könnten, sondern ebenso auf Sachzwänge reagieren müssten. Umgekehrt bezweifeln manche Feministinnen aber keinesfalls, dass die Spielregeln, die Frauen für die Innenwelt entwickelt haben, die bestmöglichen sind und daher in die Außenwelt übernommen werden müssten.

Der Irrtum entstand dadurch, dass Frauen früher grundsätzlich von der Beteiligung an Wirtschaft und Politik ausgeschlossen waren und die Außenwelt und deren Anforderungen wenn überhaupt, so nur aus den verkürzten Darstellungen der Männer kannten. Die Vorstellungen, die Frauen über Wirtschaft und Politik hatten, wurden durch die Perspektive ihres gesellschaftlichen Mikrokosmos geprägt. Sie bezogen ihre Kompetenz aus den Gesetzmäßigkeiten ihres Arbeitsumfeldes in der Innenwelt und besaßen wenig Wissen über den Bereich der Männer. Dieser Zustand betraf auch die Männer und ihr Wissen von der Innenwelt. Deren Verhalten war für die Kindererziehung und für partnerschaftliches Familienleben ungeeignet. Männer konnten nicht über ihre Gefühle reden, sie konnten nicht zuhören, sie versuchten Probleme mit Kraft oder Gewalt zu lösen, sie hatten keine gute Beziehung zu ihrem Körper, waren nur auf Leistung gedrillt und konnten nicht spielen. So lautete der Befund über den europäischen Mann der Nachkriegsjahre. Daher mussten die Männer seit dem neuerlichen Erstarken der Frauenbewegung in den 1970er Jahren die Gesetzmäßigkeiten der Innenwelt, die „Frauensprache" erlernen und haben darin bereits große Fortschritte gemacht.

Weibliche Allmachtsfantasien

Die logische Konsequenz wäre, dass Frauen beim Eintritt ins Berufsleben und in Entscheidungsfunktionen der Außenwelt die „Männersprache" lernen müssten. Doch dieser Gedanke stößt auch heute noch bei vielen Frauen auf Widerstand. Die Macht-Kompetenz der Männer erscheint ihnen nicht erstrebenswert. Vielmehr herrscht immer noch das Vorurteil, dass die soziale Kompetenz der Frauen höher wäre als jene der Männer. Männer werden für alles Unheil auf der Welt, für Kriege, Armut und Umweltzerstörung verantwortlich gemacht. Viele Frauen waren und sind noch immer der Meinung, dass sie mit weiblichen Werten die Außenwelt besser bewirtschaften würden als Männer. Dieser Glaube geht so weit, dass in ernsthaften Publikationen die Meinung vertreten wird, das verstärkte Auftreten von Frauen in der Wirtschaft würde diese menschlicher werden lassen, das Wirken von Frauen in der Politik würde Kriege zum Verschwinden bringen, Frauenmacht in der Innen- sowie in der Außenwelt würde eine bessere Welt ermöglichen. Dahinter steht die Annahme, dass Frauen das bessere, nämlich ethisch höher stehende Geschlecht wären, wie schon vor Jahrzehnten Margarete Mitscherlich in ihrem Bestseller „Die Zukunft ist weiblich" beschrieb.

Sogenannte weibliche Werte bringen tatsächlich große Vorteile – allerdings nicht für die Frauen, sondern für die Wirtschaft. Die in der Familienarbeit entwickelte soziale Kompetenz umfasst Verhaltensweisen, die im heutigen Berufsleben hoch im Kurs stehen: Frauen können Beziehungen gestalten und gutes Betriebsklima erzeugen, sie animieren Kunden zum Kauf und beruhigen aufgebrachte Gemüter. Dazu gehören Kommunikations- und Teamfähigkeit, Charme, Sensibilität und nahezu grenzenlose Belastbarkeit, denn Frauen sind es gewohnt, unentgeltlich zu arbeiten. Das alles sind viel gefragte Fähigkeiten. Viel gefragt, aber nicht hoch bezahlt. Nachdem den Frauen trotz großer Bemühungen die Familienarbeit ja nicht einmal annähernd zur Hälfte abgenommen wurde, starteten sie ihre Entdeckungsreise in die Außenwelt bei den an ihre Erfahrung angrenzenden Berufsfeldern: in der Pflege, der Kindererziehung, in der Fabrik bei eintönigen und Genauigkeit erfordernden Tätigkeiten. Doch soziale Berufe und Hilfsarbeiten weisen ein niedriges Lohnniveau auf. Frauen bekommen Kinder und kümmern sich auch größtenteils um deren Erziehung, sie verwenden viel Zeit und Kraft für die Pflege von kranken und alten Angehörigen. Diese bekannten äußeren Bedingungen sind alle mitverantwortlich für das durchwegs geringere Einkommen. Ihre viel gelobte soziale Kompetenz kommt ihnen zwar im heutigen Berufsleben in vielen Bereichen zugute, sie ist aber zugleich auch ihr Stolperstein auf dem Weg zur öffentlichen Macht und lässt sie in der Hierarchie nicht weit genug hinaufsteigen.

Das Ende der Rollenklischees

Eine Änderung so tief verwurzelter Verhaltensprogramme, wie es die Geschlechterrollen sind, ist nicht einfach, aber dennoch möglich. Im Gegensatz zum Tier kann der Mensch durch Verständnis und Einsicht über seine Instinkte und Reflexe hinauswachsen. Er hat im Laufe der Evolution gelernt, beispielsweise seine Angst vor dem Feuer oder sein Unbehagen vor dem Fliegen zu überwinden. Diese Herausforderung gilt es nun im Bereich der Macht anzunehmen, denn noch nie in der Geschichte der Menschheit gab es eine solche Chance: Für Männer wie für Frauen besteht gleichermaßen die Möglichkeit, sich aus der Umklammerung der Biologie zu lösen.

Die Technik ersetzt die Muskelkraft und macht den Umgang mit schweren Arbeiten auch für die physisch schwächeren Frauen möglich. Die industrielle Nahrungsmittelproduktion enthebt den Großteil der Bevölkerung von der körperlich anstrengenden Bewirtschaftung von Grund und Boden. Ein ausgereiftes Staatswesen garantiert ein hohes Maß an persönlicher Freiheit. Sicherheit und äußerer Frieden bieten vielen Menschen die Teilhabe an Wohlstand und Entwicklung. Technik, Wissenschaft und Rechtsstaatlichkeit lassen die biologische Determinierung obsolet werden. Erst dadurch können Frauen an den ursprünglich männlichen Bereichen teilhaben. Außer der Produktion von Samenzellen scheint heute keine Aufgabe mehr ausschließlich den Männern vorbehalten zu sein. Diese Situation ist eine der Ursachen für die viel beschriebene Sinnkrise des einst so mächtigen Geschlechts.

Der Zugang zur Bildung und zum Arbeitsmarkt ermöglicht den Frauen zum ersten Mal in größerem Umfang, den Schauplatz Haus zu verlassen und sich auf den anderen Schauplätzen zu bewähren. Die damit verbundenen geänderten Wertvorstellungen weisen den Männern neue Rollen im Haus zu. Die Entwicklung der Medizin und des Sozialwesens entlastet die Frauen immer mehr von den Aufgaben der Fürsorge um Kinder, Kranke und Alte – selbst die Versorgung von Säuglingen kann leicht in andere Hände gelegt werden, für die entsprechende Milch muss dank der Nahrungsmitteltechnologie nicht einmal mehr eine Amme sorgen. Heute sind die Frauen theoretisch nur noch durch die letzten Monate (Tage) der Schwangerschaft und die ersten Monate (Tage) nach der Geburt ans Haus gebunden. Die Biotechnologie arbeitet daran, auch diese Grenzen zu überwinden, indem Menschen durch künstliche Befruchtung gezeugt oder geklont werden können. Für unsere Überlegungen sei im Moment dahingestellt, ob das gut oder schlecht wäre, allein die Tatsache, dass solche Möglichkeiten eröffnet werden, ändert das Bewusstsein aller Beteiligten grundlegend und lässt die letzten biologisch bedingten Einschränkungen der Geschlechter schwinden.

Es stünde also einer tatsächlichen Gleichberechtigung nichts mehr im Wege. Die Gründe für die Verlangsamung der neuen Machtaufteilung liegen darin, dass sich Bewusstsein und Rollenverhalten beider Geschlechter den neuen Bedingungen noch nicht ausreichend angepasst haben. Männer und Frauen versuchen immer noch, die Spielregeln ihrer alten Machtbereiche auf die neuen Bereiche anzuwenden. Zum Beispiel sind Frauen auch im Beruf fürsorglich, selbst wenn sie dort hart sein sollten, Männer im Umgang mit intimen Beziehungen verschlossen, auch wenn sie dort ihre Gefühle zeigen sollten. Sehr oft weiß das eine Geschlecht über die Anforderungen des anderen kaum Bescheid. Die biologischen Kriterien waren scheinbar naturgegeben und daher leicht nachvollziehbar. Die „mathematische" Halbe-Halbe-Aufteilung zwischen den Geschlechtern wird hauptsächlich von den Frauen gefordert, wirkt jedoch auf viele Menschen zwanghaft und unrealistisch.

Frauen haben zwar theoretisch den Zugang zu allen Bereichen der Gesellschaft erkämpft und bewiesen, dass sie alle Aufgaben inhaltlich ebenso gut bewältigen können wie Männer – doch die meisten Frauen wollen sich nicht „männlich" verhalten. So bemühen sie sich gemäß ihrer jahrtausendelangen Tradition, die Interessenkonflikte auf „weibliche" Weise zu lösen. Sie agieren mit den „Hauswerten" wie Fürsorge, Sensibilität und soziale Kompetenz. Weil Frauen mit den anderen Schauplätzen wenig Erfahrungen haben, halten sie ihre eigenen Spielregeln für die einzig möglichen und richtigen und geraten so in ein Dilemma: Entweder sie sind erfolgreich und erkennen die Spielregeln des neuen Schauplatzes an – dann empfinden sie diese als männlich und beklagen eine gewisse „Vermännlichung"; oder sie bleiben auf ihrem Erfolgsweg stecken, weil sie ihre weiblichen, sprich häuslichen Werte und Verhaltensweisen nicht aufgeben wollen. Viele ziehen sich dann enttäuscht wieder ins Haus zurück.

Ebenso haben traditionelle Männer Probleme, wenn sie ihre Rolle als neue Väter wahrnehmen. Oft versuchen sie, sich in der Familie nach den Spielregeln von Markt oder Burg zu verhalten. Sie behandeln ihre Kinder wie ihre Mitarbeiter, mit Leistungsanforderungen und Weisungspflicht, oder wie Kunden, denen man seine Produkte schmackhaft machen muss. Männer, die ernsthaft an der Kindererziehung mitwirken und im Haushalt Verantwortung übernehmen, bemerken oder befürchten eine „Verweibli-chung", wenn sie die Spielregeln des Hauses zu sehr integrieren. Das Wertesystem des Hauses halten sie für sich als nicht ange-messen, sie identifizieren es mit „weiblich", und oft verstärken sie dann lieber wieder ihr Engagement im Beruf. Deshalb stockt die Umsetzung von „Halbe-Halbe", sprich die gleichmäßige Verteilung von Rechten und Pflichten zwischen Männern und Frauen, nun schon seit einiger Zeit. Mancherorts entsteht sogar ein Umkehreffekt, und jüngere Frauen drängen eher wieder ins Haus zurück – sehr zum Leidwesen ihrer kämpferischen Mütter.

Ergebnistyp und Beziehungstyp

Soll die Gleichberechtigung umgesetzt werden, müssen alle Auf-gaben neu geordnet werden. Ein echter Beitrag zur weiteren Emanzipation beider Geschlechter wäre ein konsequentes Ab-gehen von der Einteilung von Eigenschaften in männlich und weiblich. Und nicht nur die geschlechtsspezifische Zuordnung – Männer hart, Frauen weich, Männer kämpferisch, Frauen fried-lich – von Attributen müsste ein Ende haben, sondern vor allem ihre Bewertung: Männer schlecht, Frauen gut. Werte wie auch Ar-beitsbereiche können in hoch technisierten Zivilisationen geschlechtsneutral betrachtet werden. Die biologische Deter-mination ist nahezu aufgehoben und zur Aufteilung der Macht auch nicht mehr notwendig. Männer und Frauen hätten die Wahl, je nach Fähigkeit und Vorliebe des Individuums ihren Ar-beitsbereich zu wählen und die dafür benötigten Eigenschaften zur Umsetzung und zur Durchsetzung zu entwickeln. Um Identi-tätskrisen zu vermeiden und die Rollenerweiterung zu be-schleunigen, würde es helfen, diese nicht mehr als männlich oder weiblich zu bezeichnen, sondern beispielsweise als „ergebnis-oder beziehungsorientiert" (siehe dazu Bauer-Jelinek: Ergebnis-typ und Beziehungstyp). Beide Geschlechter können lernen, ihr

Verhalten an die jeweilige Situation anzupassen und die geforderten Eigenschaften als „interkulturelle Kompetenz" einsetzen.

Der Wunsch vieler Frauen, die geforderten Fähigkeiten für Karrieren in Wirtschaft und Politik ausschließlich von Frauen zu lernen, ist nicht zielführend, weil es nur wenige Frauen gibt, die diese bereits auf einer hohen Stufe entwickelt haben. Sie sollten sich nicht scheuen, die notwendigen Strategien von erfolgreichen Männern zu lernen. Erst wenn beide Geschlechter sich in beiden Welten zurechtgefunden haben, wird es egal sein, ob es sich beim Lehrmeister um einen Mann oder eine Frau handelt, denn ihr Verhalten und ihre Botschaften werden dieselben sein. Es würde dann nicht mehr das Geschlecht ausschlaggebend für die Bewertung von Attributen sein, sondern die Wirkung, die diese erzeugen. Männer wie Frauen könnten ohne Sorge, dass sie „verweiblichen" oder „vermännlichen", die für ihre Lebensphase jeweils notwendigen Verhaltensweisen einsetzen: also ergebnisorientiert oder beziehungsorientiert sein, je nach dem, was nötig ist.

Situative Machtverteilung

Wenn die Gleichberechtigung sich weiterentwickeln und eine neue Arbeitsteilung zwischen Männern und Frauen verwirklicht werden soll, müssen beide Geschlechter Macht-Kompetenz erwerben. Das bedeutet, die Spielregeln beider Hälften der Welt zu beherrschen und auch einzusetzen. Natürlich sind auch die gesetzlichen Rahmenbedingungen dahingehend zu überprüfen und zu ändern, dass niemandem ein wirtschaftlicher Nachteil daraus erwächst – weder Männern noch Frauen. Beide Geschlechter müssten gleichermaßen zur Abgabe bestehender Machtbereiche bereit sein. Vielleicht war die mathematische Aufteilung der Macht zwischen den Geschlechtern nur ein notwendiger Schritt zur Loslösung aus den biologischen Fesseln. Diese sind heute durch Technik und Geburtenkontrolle auf ein Minimum reduziert, weshalb es bald fast nichts mehr geben wird, was nicht gleichermaßen von Männern wie von Frauen erledigt werden könnte. Die Aufteilung der Machtbereiche müsste dann nicht mehr von der Biologie bestimmt, auch nicht mehr von Ideologie vorgeschrieben werden, es wäre Lockerung und Individualisierung möglich. Die Zukunftsvision könnte dann lauten: Männer und Frauen können frei wählen, wann sie wie viel Zeit in der Innen- und in der Außenwelt verbringen möchten. Die jeweiligen Spielregeln und Verhaltensweisen würden von Männern wie Frauen gleichermaßen erlernt und angewendet werden können. Wenn die gesetzlichen Rahmenbedingungen und die gesellschaftlichen Wertvorstellungen so weit gediehen sind, dass der Wechsel der Schauplätze für beide Geschlechter leicht möglich ist, dann müssen Arbeit und Macht nicht mehr nach dem Geschlecht aufgeteilt werden, sondern nach der Kompetenz und dem Wollen der einzelnen Männer und Frauen.

Das Verhalten im Berufsleben und in der Familienarbeit orientiert sich dann an den Zielen, den Anforderungen und den Aufgabenstellungen und nicht mehr an geschlechtlich definierten Rollen. Frauen müssen nicht mehr immer „weiblich" sein und Männer müssen nicht mehr überall „männlich" sein. Dann kann zum ersten Mal in der Geschichte auch die Macht geschlechtsneutral betrachtet werden.

Wo bleibt die Erotik?

Die angestrebte neue Machtverteilung wirkt sich auch auf Einstellung und Verhalten im Bereich der Erotik aus. Die Interpretation erotischer Signale verändert sich durch den Wechsel der Schauplätze. Frauen erwerben immer mehr Kompetenzen und öffentliche Macht, Männer bleiben immer öfter in Karenz und doch werden beide nach der traditionellen Verteilung beurteilt. Ein Mann, der auf „seinem" Schauplatz mächtig ist, wirkt als Ernährer und Beschützer erotisch, während ein Mann im Haus auch heute noch für viele Frauen unerotisch erscheint – er wird als „Schwächling" oder „Softie" empfunden. Ebenso ist eine mächtige Frau auf dem Markt oder in der Burg rollenfremd und dadurch nicht erotisch – sie wird instinktiv von den Männern als Konkurrenz erlebt und bekämpft statt umworben.

Bleibt diese traditionelle Einstellung im Bereich der Erotik erhalten, wird es schon aufgrund der Statistik bald schwierig, befriedigende Beziehungen zu haben: Immer mehr mächtige Frauen suchen nach noch mächtigeren Männern, während zugleich die Forderung besteht, dass die Männer die Hälfte der Arbeit im Haus übernehmen sollen – was diese zugleich unattraktiv erscheinen lässt. Auf der anderen Seite wünschen sich mächtige Männer eher Frauen mit „Haus-Qualitäten", doch immer weniger Frauen verfügen über solche. Hingegen haben Frauen, die auf dem Markt und in der Burg erfolgreich sind, für Männer keine „erotische Signalwirkung", eher lösen sie Irritationen oder sogar Ängste aus – der Weg „zurück an den Herd" scheint da für viele die einzige Lösung zu sein.

Dies ist etwa die derzeitige Situation auf dem „Partnermarkt" der westlichen Welt. Damit hier wieder eine Bewegung „nach vorne" entsteht, müssen nach den Spielregeln der Macht im Berufsleben nun auch die Einstellungen zu Erotik und Macht verändert und die geänderten Bedingungen ins Bewusstsein integriert werden.

Macht für alle

Dass Frauen in puncto Ausbildung, Fachwissen und Sachverstand den Männern keineswegs unterlegen sind, ist längst bewiesen. Dennoch hat die Frau in Top-Position immer noch Seltenheitswert. Es lässt sich an vielen Beispielen zeigen, dass Frauen offensichtlich über zu wenig Wissen über die Mechanismen der Macht in der Außenwelt verfügen. Daher ist eine „Powerfrau" im heutigen Wirtschaftsleben meist nicht eine, die gelernt hat, wie die Macht in der Außenwelt funktioniert. Sie wird vielmehr dafür bewundert, wie sie mit nahezu übermenschlicher Anstrengung und unzureichenden Mitteln versucht, zu beweisen, dass weibliche Werte überall zum Erfolg führen. Die einen nehmen dazu noch die Doppelbelastung durch die Familienarbeit in Kauf, die anderen den Verzicht auf eine Familie. Der Anteil der Frauen in Führungspositionen, die Single sind oder keine Kinder haben, ist mehr als doppelt so hoch wie jener von Männern in vergleichbaren Positionen. Frauen hätten weltweit die Mehrheit der wahlberechtigten Stimmen. Doch anstatt diese Mehrheit zu nutzen und brauchbare Bedingungen zu schaffen, unter denen sie in der Außenwelt arbeiten können, setzen sie auf Selbstausbeutung und Vorwurf.

Mit dem weiblichen Zugang zur Macht können Frauen – wie schon immer in der Geschichte der Menschheit – ein Zusatzeinkommen erwirtschaften, die Männer bei der Arbeit unterstützen und kleine Schritte in die Außenwelt machen. Mit weiblichen Werten kommen sie jedoch nur bis zur „gläsernen Decke" – und das auch nur in Zeiten, in denen es in Wirtschaft und Politik friedlich zugeht. Gänzlich unbrauchbar sind die weiblichen Eigenschaften jedoch, wenn die Wirtschaft unter Druck gerät oder tatsächlich Krieg herrscht, denn sie stehen jenen, die gefordert sind, wenn es um Kampf geht, diametral entgegen. Die Spielregeln der Außenwelt erfordern mehr Macht-Kompetenz, als zurzeit angenommen wird. Daraus ergeben sich als Konsequenzen, dass die Auseinandersetzung mit der Macht auf allen Schauplätzen für Männer und Frauen gleichermaßen bedeutsam wird. Beide Geschlechter benötigen Grundkenntnisse der Machtmechanismen – und einige Zeit zum Üben.

Die Spielregeln der Macht
sind durch die Wertesysteme der Schauplätze bedingt,
nicht durch das Geschlecht der Akteure.
Geschlechtsspezifische Machtformen
sind heute weitgehend unbrauchbar geworden.

Anregungen zur Selbstreflexion

Für Frauen:

❏ Wollen Sie, dass sich an Ihrem Arbeitsplatz alle gut verstehen, dass die Atmosphäre harmonisch ist?

❏ Sorgen Sie häufig für Ihre Kollegen oder Mitarbeiter?

❏ Fühlen Sie sich oft hintergangen oder ausgenützt?

❏ Haben Sie manchmal das Gefühl, dass in der Firma „etwas läuft", und Sie wissen nicht genau, was es ist?

❏ Haben Sie den Eindruck, dass Männer beruflich besser vorankommen?

❏ Bekommen Sie oft Anerkennung für Ihr soziales Verhalten?

❏ Sind Sie bei den Kollegen und Kolleginnen sehr beliebt?

❏ Sind Sie nach der Arbeit besonders erschöpft und ausgelaugt und können nicht genau sagen, warum?

❏ Ist es Ihnen besonders wichtig, durch die Berufstätigkeit nicht an Weiblichkeit zu verlieren?

❏ Vertreten Sie die Meinung, dass es „weibliche Werte" im Arbeitsleben gibt, die ein Gewinn für das Unternehmen sind?

❏ Sehnen Sie sich manchmal danach, zu Hause bleiben zu können, und wünschen Sie sich einen Mann, der Sie versorgt?

❏ Lehnen Sie den Einsatz von Macht prinzipiell ab und meinen Sie, dass die negativen Auswirkungen der Macht vor allem durch die missbräuchliche Handhabung der Männer entstanden sind?

Viele Ja-Antworten könnten ein Hinweis darauf sein, dass Sie dazu neigen, Ihren Beruf nach dem Wertesystem des Schauplatzes Haus zu gestalten. Das würde bedeuten, dass Sie auch den Umgang mit der Macht nicht optimal gestalten können.

Für Männer:

- ❏ Fühlen Sie sich zu Hause oft unsicher und „fehl am Platz"?
- ❏ Überlassen Sie das Terrain der sozialen Beziehungen gerne Ihrer Partnerin?
- ❏ Haben Sie oft das Gefühl, dass Ihre Entscheidungen oder Bedürfnisse zu Hause unpassend sind?
- ❏ Geht es Ihnen auf die Nerven, dass man nichts richtig planen kann, weil immer alles anders kommt, als man denkt (das Kind wird krank, der Babysitter verspätet sich, die Mutter muss ins Krankenhaus und Ähnliches)?
- ❏ Rackern Sie sich in Ihrem Beruf ab, damit es die Familie gut hat, und bekommen dafür eher Vorwürfe als Anerkennung?
- ❏ Findet Ihre Partnerin, dass Sie sich generell zu wenig um die Familie kümmern?
- ❏ Finden Sie ein Wochenende mit der Familie anstrengender als Arbeitstage, selbst wenn Sie viel zu tun haben?
- ❏ Sehnen Sie sich manchmal nach einer „traditionellen Arbeitsteilung", bei der die Partnerin das Haus versorgt und Sie ohne schlechtes Gewissen Ihren Beitrag durch das Geld abliefern können, obwohl Sie rational für die Gleichberechtigung der Frauen sind?
- ❏ Kennen Sie ein unbestimmtes Gefühl der Ohnmacht und Hilflosigkeit gegenüber Frauen, obwohl meist Ihnen der Einsatz von Machtinstrumenten vorgeworfen wird?

Viele Ja-Antworten könnten bedeuten, dass Sie Ihre privaten Beziehungen zu Partnerinnen oder Kindern nach dem Wertesystem des Marktes oder der Burg gestalten. Das würde bedeuten, dass Ihre gewohnten Machtformen für den Schauplatz Haus unpassend sind, während Sie die dort geltenden Machtmechanismen nicht durchschauen.

Für beide Geschlechter:

❏ Möchten Sie die Welt verbessern oder eine „Revolution" herbeiführen?

❏ Gehen Ihnen unser Gesellschaftssystem beziehungsweise manche Entwicklungen darin besonders auf die Nerven?

❏ Verwenden Sie viel Zeit, darüber nachzudenken oder sich darüber aufzuregen?

❏ Meinen Sie zu wissen, was man tun müsste, damit die Gesellschaft besser funktioniert?

❏ Neigen Sie dazu, Ihre Meinung so darzustellen, dass sie wie eine absolute Aussage wirkt?

❏ Werden Sie manchmal wegen Ihrer „weltfremden" Ansichten belächelt?

❏ Findet man Ihren „Idealismus" zwar lobenswert, aber doch ein bisschen naiv?

❏ Hatten Sie bereits in Ihrer Jugend das Gefühl, anders zu sein als die anderen?

❏ Meiden Sie gesellschaftliche Veranstaltungen und „Small Talk" und ziehen Sie sich lieber in sich selbst oder in die Natur zurück?

❏ Haben Sie eine starke Beziehung zu Religionen, Esoterik oder Spiritualität?

❏ Sind Sie ein äußerst strikter Gegner oder eine Gegnerin dieser Bereiche, hängen aber sehr vehement einer politischen Richtung, einer Weltanschauung an?

❏ Nehmen Sie die Naturgesetze für absolut?

❏ Meinen Sie, dass sich die Machtverhältnisse auf der Welt deutlich verbessern würden, wenn alle Menschen sich nach Ihren Werten richten würden?

Viele Ja-Antworten könnten bedeuten, dass Sie nach den Spielregeln des Tempels leben, obwohl Sie einen „weltlichen Beruf" haben und diese Vorstellung für Sie absurd klingt. Sie werden dann möglicherweise die Spielregeln der anderen Schauplätze falsch deuten und mit den Ihren nicht den gewünschten Erfolg erzielen.

7. Kapitel

Hell und dunkel

Wo liegt nun die Grenze zwischen der hellen und der dunklen Seite der Macht? Wie können wir feststellen, ob andere oder auch wir selbst die Macht missbrauchen? Wann übt jemand seine Macht verantwortungsvoll im Sinne aller Beteiligten aus und wann beginnt der Missbrauch? Wenn wir an die „dunkle Seite" der Macht denken, fallen uns Begriffe ein wie Gewalt, Zwang, Intrige, Korruption oder Manipulation – verübt von Einzelpersonen, von Regierungen, von Organisationen bis hin zu den Medien. Dazu kommen noch die schrecklichen Gefühle der Ohnmacht, der Hilflosigkeit, der Unterlegenheit, der grundsätzlichen Benachteiligung oder des Opferseins. Davor fürchten sich die meisten Menschen, weil kaum jemand Gelegenheit hatte, einen befriedigenden Umgang damit zu erlernen. Jeder versucht alle Anforderungen mit seinen wenigen Instrumenten zu bewältigen und hofft, von den dunklen Seiten der Macht verschont zu bleiben, denn selten eignet sich jemand Fähigkeiten auf diesem Gebiet systematisch an.

Die Auseinandersetzung mit dem „Bösen", dem „Schrecklichen" oder den „Schattenseiten" der Seele erhält seit einigen Jahrzehnten durch die Techniken der Psychotherapie neue Impulse (Rüdiger Safranski: „Das Böse oder Das Drama der Freiheit", Adolf Guggenbühl: „Das Schreckliche"). Erst die Akzeptanz der unbewussten und irrationalen Anteile der Psyche ermöglicht Einsichten jenseits der jeweils geltenden Moralvorstellungen. Deren Kategorien wie „du sollst" und „du darfst nicht" führen zu vorschnellen Urteilen, verstellen den Blick auf die tiefer liegenden Beweggründe des Menschen und verhindern dadurch ein umfassendes Verständnis wie auch die Kommunikation darüber. Wie gelangen wir also zu einer größeren Objektivität in der Beurteilung der Machtausübung – unserer eigenen und der anderer Menschen? Das unvoreingenommene, explorative Herangehen eröffnet neue Dimensionen der Erkenntnis, die auch bei der Orientierung zwischen der hellen und der dunklen Seite der Macht hilfreich sein können.

Die Übertragung der Macht

Der akzeptierte „Gebrauch" der institutionalisierten Macht beruht auf einer offenen oder stillschweigenden Übereinkunft. Aus zwei Gründen kann es zur offiziellen Übernahme von Macht kommen: Einerseits wird sie abgegeben, wenn im Laufe der Entwicklung die Aufgaben zu komplex werden. Es entwickelt sich eine Arbeitsteilung und damit eine Spezialisierung in einzelnen Bereichen, um eine Entlastung zu erreichen. Andererseits wird die Macht auch angefordert, wenn die eigenen Möglichkeiten nicht ausreichen, um ein Problem zu bewältigen. Dieser „Dienst" hat seinen Preis. Es wird eine Vereinbarung geschlossen, welche Gegenleistung für welche Belange derjenige, der die Macht ausübt, von denen, über die er sie ausübt, erhält. So gesehen ist ein geregeltes Machtverhältnis eine Art Geschäft. Solange der Mächtige im Rahmen der gemeinsamen Ziele und zum Wohle aller Beteiligten agiert, betrachtet man die Machtausübung als sinnvoll.

Die Bauern im Mittelalter ersuchten ursprünglich den Ritterstand um die bewaffnete Verteidigung, weil sie selbst dazu nicht in der Lage waren. Dafür lieferten sie einen „Zehent" von ihrer Ernte ab. Diese „Arbeitsteilung" funktionierte lange Zeit zum Vorteil für alle. Erst als diese Aufgabe nicht mehr im Sinne der ursprünglichen Interessen wahrgenommen, als der Preis dafür unverhältnismäßig gesteigert oder gewaltsam eingetrieben wurde, zerfiel das Bündnis. Die Macht wurde von den Lehensherren zunehmend missbraucht, bis Unterdrückung und Ausbeutung die Bauern in den Aufstand trieb.

Auch zwischen Männern und Frauen war die Aufteilung der Macht in ein Innen- und Außenverhältnis ursprünglich sinnvoll, als die biologischen Gegebenheiten von Körperkraft und Kinderversorgung zwingende Voraussetzungen zum Überleben waren. Heute sind diese Bedingungen nicht mehr in diesem Ausmaß vorhanden, doch die Machtverteilung ändert sich nur langsam. Da die Männer immer noch im Besitz der öffentlichen Macht sind, gerät ihr bislang akzeptiertes Verhalten zunehmend in den Verdacht des Machtmissbrauchs.

Neben der institutionalisierten Macht gibt es allerdings auch Situationen, in denen der Einzelne spontan und kraft seiner Persönlichkeit Macht ausüben muss, um seine Interessen durchzusetzen oder zu verteidigen. Diese Macht muss er oder sie sich oft auch selbst nehmen. Wenn man nicht mit einem offiziellen „Mandat" ausgestattet ist, das den Umfang und die Spielregeln vorgibt, benötigt man Zivilcourage und Strategie. Das Spektrum reicht dabei vom Widerspruch in einem Streitgespräch unter Freunden bis zum Widerstand gegen die Staatsgewalt, von der Auflehnung gegen gesellschaftliche Zwänge bis zur Befehlsverweigerung.

Machtmissbrauch

Wenn sich eine Seite nicht mehr an das Abkommen hält, wenn sie ihre Befugnisse überschreitet oder nicht bereit ist, auf geänderte Bedingungen einzugehen, wenn die andere Seite ihre Gegenleistung nicht mehr abliefert, beginnt der Missbrauch der Macht. Ein Blick in die Geschichte, aber auch in berufliche und private Beziehungsgeflechte zeigt eine prekäre Situation: Jeder, der Macht hat, kann diese missbrauchen, denn es gibt keinen sicheren Schutz davor. „Macht braucht Kontrolle", lautete ein Wahlslogan, der den Bürgern Sicherheit vor befürchtetem Machtmissbrauch in der Politik vermitteln sollte. Kontrolle ist wohl das Mittel der Wahl, um Machtinhaber in Schranken zu halten und sie auch selbst davor zu schützen, den Verlockungen der Macht zu erliegen. Doch ebenso wichtig ist die Aussage „Macht braucht Vertrauen", denn wenn man die Mächtigen ständig kontrollieren muss, so wird das ganze System ineffizient. Stabile Phasen entstehen in der Politik wie auch in privaten Beziehungen immer dann, wenn Kontrolle und Vertrauen im Gleichgewicht sind. Ist das Vertrauen zu groß, werden Freiheiten leicht missbraucht. Ist die Kontrolle zu strikt, verringert sich der Handlungsspielraum bis zur Lähmung. Diese Balance zu halten ist aufwendig und dementsprechend groß das Bedürfnis, „grundsätzliche Lösungen" zu finden. Die Geschichte ist voll von Ideen und Experimenten, wie man die negativen Auswirkungen und die Gefahren des Machtmissbrauchs „endgültig" kontrollieren könnte.

Beispielsweise postuliert die Staatsform der Demokratie, dass alle Macht vom Volk auszugehen habe. Die Beherrschten werden zugleich zum Souverän, sodass sie sich „aussuchen" können, in welcher Weise Macht über sie ausgeübt werden solle. Im Kommunismus hingegen gehört die Macht dem Proletariat, Intellektuelle und Funktionäre sollen die Interessen der Werktätigen vertreten. In beiden Fällen führt jedoch das Prinzip der Macht „von unten" nicht zu einem Verschwinden des Missbrauchs. Er wird allenfalls weniger offensichtlich und weniger leicht angreifbar.

Liberale und grüne Parteien, Vereine und Initiativen haben versucht, durch Rotation oder Doppelbesetzung von Funktionen einem Missbrauch strukturell entgegenzuwirken. Diese Maßnahmen erwiesen sich jedoch als wenig effizient und äußerst schwerfällig – sobald diese Parteien zu mehr Macht gekommen waren, wurde die Regelung geändert. Man verließ sich dann doch lieber auf ein starkes Wertesystem und auf die Macht der Überzeugung.

Auch wenn jemand unter dem Ideal der Zivilcourage handelt, kann er die Macht missbrauchen, die Bewertung ist allerdings schwierig, weil die Regeln nicht festgelegt und die Grenzen fließend sind. Das eigene Gewissen und die normierte Ethik bilden dann die einzigen Anhaltspunkte.

Wie selbstverständlich denken wir bei Machtmissbrauch immer an die Schädigung derer, die Macht abgegeben haben, und überlegen Möglichkeiten zu ihrer Hilfe und Unterstützung. Machtmissbrauch liegt jedoch auch dann vor, wenn jemand mehr übernimmt, als er oder sie tragen kann, sich also durch Überbelastung selbst schädigt. Im öffentlichen Bereich ist es die Verantwortung, die zu schwer auf den Schultern eines Menschen lastet, und im privaten Bereich sind es seine Verpflichtungen. So gesehen sind Frauen, die unter ihrer Mehrfachbelastung zusammenbrechen, oder Multifunktionäre, die dem Druck nicht mehr standhalten, auch an einer Form des Machtmissbrauchs beteiligt – sie schädigen sich selbst.

Machtmissbrauch ist somit kein festgelegter „Tatbestand", sondern nur durch die Bewertung aller Umstände zu begreifen und durch die Legitimation zu beurteilen. Oft ändern sich die Voraussetzungen im Laufe der Machtausübung und Maßnahmen, die eben noch akzeptiert waren, werden nun als Missbrauch geahndet. Jeder, der Macht ausübt, muss jederzeit damit rechnen, dass er seine Handlungen rechtfertigen muss – sei es vor seinem Gewissen oder vor denen, die ihm die Macht verliehen haben.

Machtmissbrauch liegt vor, wenn:
- ein Machtverhältnis entgegen seiner Bestimmung ausgeübt wird
- es ohne Übereinkunft errichtet, verändert oder aufrechterhalten wird
- sich jemand in der Ausübung der Macht selbst schädigt

Was ist Gewalt?

Befragt man Personen unterschiedlichen Alters nach ihrer Einstellung zu Gewalt, kommt man fast immer zu ähnlichen Ergebnissen: Die meisten spontanen Antworten beziehen sich auf körperliche Gewalt und diese wird strikt abgelehnt. Die Mehrheit ist davon überzeugt, dass sie sich selbst gewaltfrei verhält. Manche leiden unter der Gewaltausübung durch andere oder haben diffuse Ängste davor. Bei genauerem Nachfragen tauchen auch Überlegungen zu psychischer Gewalt oder zum Monopol der Staatsgewalt auf. In weiterer Folge der Diskussion muss man jedoch die absolute Ablehnung der Gewalt relativieren und um die Frage nach der Berechtigung, nach der ethischen oder gesetzlichen Legitimation ergänzen.

Darf jemand Gewalt anwenden, um einen Übergriff abzuwehren? Gibt es so edle Ziele, dass zu ihrer Erreichung auch Gewaltanwendung gerechtfertigt ist? Soll man Gewalt mit Gewalt begegnen? Alles Fragen, die weit in die Geschichte, die Ethik, die Politik oder die Rechtswissenschaften reichen. Früher gaben die gültigen Wertesysteme der Religionen allgemein verbindliche Normen vor, auf die man sich im Großen und Ganzen verlassen konnte. Heute wird ein immer größerer Teil der Verantwortung dem Individuum übertragen, wodurch auch im Umgang mit der Macht der Einzelne vermehrt auf sein Gewissen angewiesen ist. Was ist aber Gewalt und wie kann man dazu Stellung beziehen?

Eine brauchbare Auseinandersetzung mit diesem Begriff liefern die Gebrüder Grimm in ihrem Wörterbuch der deutschen Sprache bereits im 19. Jahrhundert. Sie beziehen den Gewaltbegriff auf zwei Wurzeln aus dem Römischen Reich und klären damit die beiden heute noch vorhandenen Bedeutungskreise. Zum einen lässt sich Gewalt im Sinne von „potestas" definieren: Dann meint man damit das Vermögen, die Möglichkeit, etwas zu tun. Zu dieser Begriffsfamilie gehört auch heute noch die „Verwaltung", „schalten und walten", „gewaltig", „bewältigen",

„die Gewaltenteilung" und Ähnliches. Diese Bedeutung ist gleichzusetzen mit der diesem Buch zugrunde liegenden Definition von Macht im Sinne von „können".

Die zweite Bedeutung von Gewalt leitet sich von „violentia" ab. In diesem Sinne bedeutet Gewalt, „eine vorhandene Überlegenheit auszunützen, ohne darauf zu achten, ob das recht und billig sei". Diese Beschreibung zielt auf die Frage der Legitimation ab und ist auch in der Definition von Max Weber enthalten.

Stellen wir uns folgende Situation vor: Jemand verfolgt ein Ziel, trifft auf einen Widerstand, kann oder will daraufhin sein Ziel nicht verändern und auch nicht davon ablassen – dann führt bei anhaltendem Widerstand jedes weitere Vorgehen zwangsläufig zur Verletzung der Integrität des anderen und damit zur Gewaltanwendung. Dies bringt uns zu folgender Definition: Physische Gewalt liegt vor, wenn bei der Ausübung von Macht der Widerstand eines schwächeren Gegners mit Körperkraft oder Waffen gebrochen wird.

Doch heute zählen nicht nur offensichtliche körperliche Attacken oder Waffenanwendung zur Gewalt. Selbst in der Rechtssprechung wird auch psychische Gewalt als Delikt anerkannt. Denkt man diesen Ansatz zu Ende, kommt man zu einer erweiterten Definition der Gewalt: Jede Quelle der Macht kann durch Eskalation zu einer Quelle der Gewalt werden, wenn ein Kampf ohne Regeln und ohne Kontrolle bei ungleichen Voraussetzungen geführt wird.

Macht	Gewalt
Materie	körperliche Attacken, Waffeneinsatz, ungewollte Schwangerschaft …
Herkunft	Rassendiskriminierung, Sklaverei …
Mehrheit	Minderheitenunterdrückung, Massenphänomene …
Wissen	Intrigen, Rufmord, Manipulation, List, Betrug …

Gefühle	Wutausbruch, emotionale oder sexuelle Erpressung ...
Funktion	Schikanen, Übergriffe ...
Kontakte	Loyalitätszwang, Korruption ...
Überzeugung	Gesinnungsterror, Inquisition, Zwangsmissionierung ...

Während Handlungen „im Namen des Gesetzes" als legitimierte Form der Staatsgewalt noch relativ transparent sind, ist eine Gewaltanwendung in der Wissenschaft oder der Religion wesentlich schwerer zu durchschauen. Die Macht des Wissens wird zur Gewalt, wenn ein Absolutheitsanspruch errichtet wird, wenn geltende Auffassungen nicht mehr hinterfragt werden dürfen und die Verbreitung von kontroversen Erkenntnissen verhindert und geahndet wird. In totalitären Regimes, in fundamentalistischen Religionen und in fanatischen Gruppierungen wird die Gedankenfreiheit mit der Gewalt der Dogmen in Schach gehalten oder niedergezwungen. In Beziehungen können Menschen über den Zugriff auf die Gefühle des Partners oder der Kinder Gewalt anwenden. Womit auch immer jemand seine Interessen durchsetzt, wenn er dabei die Integrität eines anderen verletzt, handelt es sich um Gewalt – unabhängig davon, ob sie sich körperlich, psychisch oder strukturell auswirkt.

Kann es Umstände geben, unter denen Gewalt legitimiert werden kann? Das Gesetz kennt etwa die Straffreiheit von Gewalt, wenn es sich um Notwehr handelt, und die Morallehre nennt das Beispiel vom Tyrannenmord als berechtigte Befreiung von einem Übel. Weiters hat der Staat das Monopol auf Gewalt. Das bedeutet, dass der Staat das Recht hat, mittels seiner Organe die Interessen gegenüber dem Bürger notfalls auch mit Gewalt durchzusetzen. Um diese Macht zu kontrollieren, müssen zum Ausgleich auch in Demokratien die Bürgerrechte immer wieder eingefordert werden.

Doch wer erteilt die „Erlaubnis" zum Einsatz des letzten Durchsetzungsmittels? Wodurch kann man die Verfolgung des Zieles als so viel höher stehend begreifen als die Integrität des Individuums? Die Instanz für diese Entscheidungen sind das gesellschaftliche und das individuelle Wertesystem, die innere und äußere Legitimation. Hier stellt sich die Frage von „hell oder dunkel". Doch diese kann erst nach eingehenden Überlegungen beantwortet werden, da die Wertesysteme in den Kulturen und politischen Systemen unserer Welt höchst unterschiedlich sind. Organisationen wie die UNO oder Vereinbarungen wie die Menschenrechtskonvention haben sich zum Ziel gesetzt, sich über den kleinsten gemeinsamen Nenner zu verständigen, um den Prozess dieser Klärung zu erleichtern.

Ob Gewalt so eindeutig zur „dunklen Seite" der Macht gezählt werden kann, wie es eingangs den Anschein hatte, muss bei genauerem Nachdenken relativiert werden, denn ob ihr Einsatz „gut oder schlecht" ist, hängt von den Umständen und den geltenden Werten ab. Auch die Legitimation der Gewalt erfolgt von außen oder von innen. Sie wird entweder durch Amt und Funktion, durch Gesetze, Reglements und Vereinbarungen festgelegt, und / oder der Einzelne ist auf sein Gewissen angewiesen.

> Der Einsatz von Gewalt bedarf der Legitimation
> durch ein Rechtssystem,
> und / oder durch die geltende öffentliche Ethik,
> und / oder durch das individuelle Wertesystem.

Ein paradoxer Effekt

Haben Jesus, Mahatma Gandhi oder Martin Luther King mit ihren Aufrufen zum Gewaltverzicht auf der Welt oder in ihrem Umfeld wirklich die Gewalt verringert – abgesehen davon, dass sie selbst daran zugrunde gegangen sind? Wie erklärt es sich, dass manche Organisationen, die sich den Frieden auf die Fahnen geschrieben haben, zur Durchsetzung ihres Anliegens zu Gewaltmaßnahmen greifen? Ist nicht der Begriff „radikaler Pazifismus" selbst schon paradox?

Wenn die Verfolgung eines Zieles zur unabänderlichen Größe wird, wenn ein Dogma errichtet wird, führt jeder Widerstand dagegen in letzter Konsequenz zur Gewalt. Wenn nun die Ausrottung der Gewalt ein Ziel ist, an dem mit allen Mitteln festgehalten wird, dann muss es bei Widerstand zwangsläufig zur Gewaltanwendung kommen. So erklärt sich der paradoxe Effekt, dass sich auch friedliebende Organisationen zuweilen in gewaltsamen Aktionen wiederfinden. Damit gerät ein ethisch hochstehendes und menschlich verständliches Anliegen in einen Teufelskreis.

Der paradoxe Effekt im Umgang mit Gewalt kann auch in seiner umgekehrten Wirkung aufgezeigt werden: Die Bereitschaft, sich notfalls auch gewaltsam gegen Gewalt zu wehren, kann den Ausbruch von Gewalt verringern. So hat man beispielsweise in Untersuchungen festgestellt, dass jene Frauen, welche Gewalt kategorisch ablehnen, häufiger mit gewalttätigen Übergriffen konfrontiert sind als andere. Ändert sich ihre Einstellung und versetzen sie sich etwa durch den Besuch von Selbstverteidigungskursen mental und körperlich in die Lage, sich notfalls auch gewaltsam zu wehren, sinkt tatsächlich die Gewalt gegen sie in ihren Beziehungen und auch im öffentlichen Raum. Ähnliches gilt für die Wirkung der Exekutive auf radikalisierte Fußballfans: Allein ein großes Aufgebot an Polizisten, das Exzesse mit Gewalt verhindern könnte, sichtbar vor Ort und über die Medien präsentiert, reduziert Gewaltausbrüche. Die militärische Aufrüstung der Staaten wird so begründet, wobei zu bedenken ist, dass wie bei allen Formen der Macht natürlich in der Bereitschaft zur Verteidigung ebenfalls ein Potenzial zum Missbrauch verborgen liegt.

Gewaltreduktion

Die passive Form der Gewaltvermeidung, die Verweigerung führt keineswegs zu dem Ziel, die Gewalt vollständig zu eliminieren. Wenn man absolut nicht bereit ist, Gewalt einzusetzen, muss man akzeptieren, dass man letztlich ein Teil von ihr werden könnte. Man würde konsequenterweise beim Gewaltverzicht bleiben und zum Märtyrer werden müssen, auch wenn andere Gewalt anwenden. Dadurch hat man aber die Gewalt nicht verringert, man hat nur selbst nicht aktiv daran teilgenommen.

Will man einen Beitrag zur Reduktion der Gewalt leisten, sind drei Einsichten hilfreich:

1. Seine eigenen Ziele beweglich halten, sodass andere die Möglichkeit haben, sich mit ihren Wünschen einzubringen.
2. Der Wunsch nach Gewaltfreiheit sollte nicht zu einem absoluten Ziel werden, weil sonst der „paradoxe Effekt" eintritt und man gerade dadurch zu einem Teil der Gewalt wird. Die Bereitschaft, sich notfalls zu wehren, vermindert Gewalt.
3. Eine hohe Kompetenz im Umgang mit der Macht, damit Interessenkonflikte mit friedlichen Formen der Macht gelöst werden können, bevor es zum Einsatz von Gewalt kommt.

Es kann also kein gewaltfreies Leben geben, und es kann auch keine gewaltfreie Gesellschaft geben, weil den Menschen Interessenkonflikte immer wieder auch entgleiten werden. Das Maximum des Erreichbaren liegt wohl in einer ständigen Reduktion von Gewalt, ohne ihr gänzliches Verschwinden absolut zu betreiben.

Der paradoxe Effekt

Die *absolute* Ablehnung von Gewalt
führt in letzter Konsequenz zu Gewalt.
Die Bereitschaft, notfalls zur Abwehr auch Gewalt einzusetzen,
verringert den Ausbruch von Gewalt.

Anregungen zur Selbstreflexion

❑ Wenn Sie in Ihrem Leben Erfahrungen mit offensichtlicher Gewalt gemacht haben, bewerten Sie diese unter den neuen Gesichtspunkten.

❑ Klären Sie ab, ob unangenehme Erlebnisse mit der Macht möglicherweise versteckte gewalttätige Übergriffe waren.

❑ Überlegen Sie, ob Ihnen mitunter massive Vorwürfe über Ihre Art, sich durchzusetzen, gemacht werden. Beurteilen Sie, ob manche Ihrer Verhaltensweisen gewalttätige Züge aufweisen – weil Sie Ihr Ziel bedingungslos durchsetzen wollen und weil Sie mit Ihren Handlungen die Integrität des Gegenübers gefährden.

❑ Klären Sie bei Ihren persönlichen Erlebnissen mit Machtmissbrauch die Frage der Übereinkunft und der Legitimation.

❑ Klären Sie für sich die Frage, in welchen Situationen Zivilcourage notwendig ist und in welchen sie ihren Zweck verfehlen würde.

Teil III

Macht-Kompetenz –
der verborgene Teil der Sozialkompetenz

*„Willst du den Charakter eines Menschen erkennen,
dann gib ihm Macht."*

Abraham Lincoln

1. Kapitel

Kalkül statt Gefühl

Die abschreckenden Beispiele von Machtmissbrauch und Macht-
exzessen müssen uns nicht daran hindern, einen eigenen Stil im
Umgang mit der Macht zu entwickeln. Mit etwas Übung gelingt
es, die Machtmittel und die Intensität ihres Einsatzes selbst zu
bestimmen, ohne dabei die eigenen Werte zu verraten. Im Alltag
erleben wir jedoch immer wieder, dass Menschen bei der Bewältigung ihrer Interessenkonflikte nahezu ausschließlich von ihren
Gefühlen gesteuert werden. Angst vor Gesichtsverlust, Ehrgeiz,
Jähzorn, Rache, Neid und Hass sind oft die treibenden Kräfte
hinter ihren Handlungen. Dann tun sie Dinge, die sie bei klarem
Kopf so nicht gewollt hätten. Gar nicht selten sind den Menschen
ihre zugrunde liegenden Gefühle nicht bewusst. Die Klärung einer
Angelegenheit, die in fünf Minuten zu erledigen wäre, wird dann
zu einem großen Problem, denn nicht die Sachfrage verhindert
eine Lösung, sondern die Gefühlsebene. Das Ziel ist in diesem Fall
nicht, seine Interessen zu vertreten, jedoch ein Ventil für die auf-
gestauten Emotionen zu finden. Der Schaden, den man dadurch
beim Konfliktpartner wie auch bei sich selbst anrichtet, ist oft
enorm.

Wenn jemand im Umgang mit der Macht wenig Erfahrung
hat und von seinen Emotionen dominiert wird, sieht er häufig nur

zwei Möglichkeiten – Kampf oder Flucht. Bevor es hart auf hart geht, räumen die einen lieber sofort das Feld, während andere beim kleinsten Anlass aggressiv werden, ohne an die Folgen ihres Handelns zu denken. Dann bereuen sie ihr Verhalten, können mit ihren Schuldgefühlen wieder nicht angemessen umgehen und prolongieren so den Konflikt. Diese „urwüchsige" Form der Machtausübung ist in jeder Hinsicht unökonomisch: Einerseits ist die Lösung selten zufriedenstellend, und die Auseinandersetzung beginnt von Neuem. Andererseits steht der Kraftverbrauch in keinem Verhältnis zu dem äußerst kurzen Gefühl der Befriedigung.

Strategie und Taktik

Insgesamt sind Gefühle im Zusammenhang mit der Macht nur eingeschränkt brauchbar. Sie können dazu dienen, bei der Selbstreflexion mehr über die eigenen Motive zu erfahren. Gelegentlich ist es möglich, mit einem Gefühlsausbruch Aufmerksamkeit zu erregen, jemanden wach zu rütteln oder kurzfristig Angst zu erzeugen. Schließlich kann man Gefühle auch noch gezielt als Machtinstrument einsetzen. Sich vorwiegend auf seine Emotionen zu verlassen, ist jedoch keine gute Voraussetzung, wenn man Angriffe planmäßig abwehren oder Ansprüche mit Bedacht durchsetzen möchte. Vielmehr sind für einen kompetenten Umgang mit der Macht rationales Denken und gründliche Planung unerlässlich. Besonders als Anfänger braucht man eine systematische Vorgangsweise. In der professionellen Planung werden dafür die Begriffe Strategie und Taktik verwendet. Strategie bedeutete ursprünglich „die Kunst der Heeresführung" und Taktik „die Kunst der Anordnung und Aufstellung". Im übertragenen Sinn beschreiben beide „ein kalkuliertes, planmäßiges Vorgehen". Während die Strategie eher eine umfassende und längerfristige Planung umfasst, meint man mit Taktik „ein geschicktes Ausnützen von Situationen" – konkret und kurzfristig.

Um eine Strategie zu entwickeln, benötigt man eine gute Wahrnehmung, fundiertes Wissen über die Lage und die Fähigkeit, sich Szenarien in der Fantasie vorzustellen. Man muss über sich selbst und über den Gegner einiges in Erfahrung bringen: Welche *Quellen der Macht* haben wir selbst zur Verfügung und welche der Widerpart, auf welchem *Schauplatz* befinden wir uns, und nach welchen *Spielregeln* sind daher die Machtinstrumente auszuwählen? Nicht zuletzt ist auch die gesellschaftliche und persönliche *Legitimation* für die gewählten Maßnahmen zu klären. Die Ergebnisse dieser Überlegungen werden kombiniert, um verschiedene Möglichkeiten für eine Auseinandersetzung zu erschließen. Alle sinnvollen Varianten werden in der Fantasie durchgespielt und auf ihre Wirkung überprüft.

Für manche Menschen ist es nicht einfach, sich dem Thema Strategie unvoreingenommen zu nähern, denn dieses wird von ihnen ambivalent erlebt. Auf der einen Seite gehört die Fähigkeit zu strategischem Denken in Politik, Wirtschaft und im Militär zu den Schlüsselqualifikationen der Führungskräfte. Es findet seine Anwendung bei der Planung von Unternehmen, Wahlkämpfen oder Manövern und natürlich auch im Umgang mit der Macht. Es macht wenig Unterschied, ob jemand als Naturtalent oder als Absolvent gezielter Managementtrainings diese Kompetenz erlangt – Tatsache ist, dass strategisches Denken oft mehr Einfluss auf Karrieren im oberen Management hat als Fachwissen oder soziale Kompetenz.

In anderen Bereichen unserer Gesellschaft wird strategisches Verhalten nicht so sehr geschätzt. Besonders in Sozialberufen, in Non-Profit-Organisationen und in privaten Beziehungen gelten gute Strategen als kalt, berechnend oder undurchschaubar und sind deswegen nicht sehr beliebt. Viel höher im Kurs stehen dort Werte wie Spontaneität, Emotionalität und Authentizität. Dadurch wird auch verständlich, dass jemand gekränkt ist, wenn eine nahestehende Person sich ständig hinter Strategien versteckt, obwohl eine offene Begegnung erwünscht wäre. Es ist klar, dass jemand in beruflichen Auseinandersetzungen den Kürzeren zieht, wenn er strategisches Verhalten prinzipiell ablehnt und ausschließlich auf Authentizität setzt. Wenn wir unsere Kompetenz im Umgang mit der Macht verbessern wollen, bringen uns Urteile wie „richtig und falsch", „gut und schlecht" nicht weiter. Vielmehr müssen wir uns fragen, wann strategisches Verhalten angebracht und wann es störend ist. Zur Orientierung hilft ein Bild: Strategisches Verhalten erfüllt in unserer Kultur, in der Machtkämpfe selten auf der körperlichen, sondern viel stärker auf der mentalen-emotionalen Ebene ausgetragen werden, die Funktion einer Rüstung – es gibt Sicherheit und Schutz in gefährlichen Situationen. Daher ist es auch nur dann angebracht, wenn wir Grund zur Vorsicht oder zum Misstrauen haben.

Der M.E.K-Zyklus

Ab dem Moment, an dem man Handlungen setzt, beginnt ein Prozess, der durch Entscheidungen, Konsequenzen und Rückkopplung geprägt ist. Jeder Schritt hat Auswirkungen, die wieder die Grundlage für die nächste Entscheidung sind. Der folgende *Macht-Eskalations-Kontroll-Zyklus*, kurz *M.E.K-Zyklus*© genannt, zeigt systematisch alle Schritte auf, die wir für einen kompetenten Umgang mit der Macht brauchen. Ausgehend von unserer Definition: „Macht wird eingesetzt, wenn der Umsetzung eines Zieles ein Widerstand entgegengesetzt wird", sind einige grundsätzliche Aspekte zu beachten. Der maßvolle Umgang mit der Macht erfordert vor allem Tugenden wie Disziplin, Geduld und Ausdauer. Auch wenn wir oft lieber eine Abkürzung nehmen oder unseren Emotionen freien Lauf lassen würden, müssen wir uns immer wieder an eine Struktur halten. Dies sind dieselben Fähigkeiten, die gute Sportler von exzellenten Sportlern unterscheiden. Selbst bei schlechterer Kondition und Technik gewinnt letztlich derjenige, der bis zum Schluss die Nerven bewahren und seine

Strategie verfolgen kann. Ähnliche Mechanismen sind auch bei einem Rechtsstreit oder bei der Bewerbung um eine begehrte Funktion wirksam.

Für den maßvollen Einsatz der Macht gehen wir in jeder Etappe bewusst und kontrolliert vor und lassen die Maßnahmen in einer zwingenden Reihenfolge ablaufen: Um Fehlinterpretationen und vorschnelle Reaktionen zu vermeiden, wird mit der *Realitätsprüfung* eine Einschätzung der Lage vorgenommen. Setzt sich einem Vorhaben tatsächlich ein Widerstand entgegen, versucht man zuerst die beiden *friedlichen Formen der Macht*: die *gezielte Information* und die *konstruktive Verhandlung*. Dabei kann man zwar auch schon alle Machtmittel einsetzen, doch in geringer Intensität. Das Gegenüber bleibt immer noch ein Partner, dessen Würde gewahrt wird. Erst wenn das Ziel und der Widerstand gleichermaßen aufrecht bleiben, stehen als letzte Eskalationsstufe die beiden *kämpferischen Formen der Macht* zur Verfügung. Meist entlädt sich die Spannung in einem *unkontrollierten Kampf*. Bei höherer Macht-Kompetenz wird dieser durch den *kontrollierten Kampf* ersetzt. Dieser sollte so rasch wie möglich wieder zur *konstruktiven Verhandlung* zurückführen. Im Gegensatz zum unkontrollierten Kampf bedeutet bei der kontrollierten Variante ein Sieg über den Gegner nicht, dass nun die Bahn frei wäre für das Diktat von Bedingungen. Vielmehr sollen in der konstruktiven Verhandlung für beide akzeptable Lösungen gefunden werden. Auch die eigene Niederlage ist bei einem kontrollierten Kampf kein Desaster, weil man sich nie zu weit vorgewagt hat und jederzeit durch *einen geordneten Rückzug* Schaden vermeiden kann.

Die Niederlage dient entweder der Erkenntnis, dass man das Ziel aufgeben oder mit der Planung wieder von vorne anfangen muss. Im ersten Fall gilt es, diese neue Realität zu akzeptieren und wirklich loszulassen, im zweiten Fall benötigt man Zeit und Kraft, um den Konflikt auf einer anderen Ebene neu aufzurollen. Je größer die Kompetenz im Umgang mit der Macht wird, umso eher führen die friedlichen Formen zum Erfolg. Nur in wenigen Situationen wird man das letzte Mittel des kontrollierten Kampfes anwenden müssen. Die Maßnahmen werden schrittweise gesteigert, wobei der geordnete Rückzug immer wieder eine Option ist – sei es, um den Konflikt zu beenden oder um sich neu zu orientieren. Nach der Klärung sollte Zeit bleiben für die *Regeneration* und die *Integration der neuen Erkenntnisse*. Um nachhaltigen Frieden und tragfähige Beziehungen (wieder)herzustellen, müssen so bald wie möglich Schritte gesetzt werden, welche *die aufrichtige Versöhnung* einleiten.

Im Gegensatz zur „urwüchsigen" Form der Machtausübung wird beim M.E.K-Zyklus die Eskalation nicht dem Zufall oder den Emotionen überlassen. Die einzelnen Maßnahmen werden nur schrittweise gesteigert und es gibt immer wieder Gelegenheit für rationale Entscheidungen. Mit diesem strategischen Verhalten kann man seinen Werten treu bleiben, Interessenkonflikte vermehrt mit den friedlichen Formen der Macht klären und kämpferische Auseinandersetzungen reduzieren.

0 Bewusste Realitätsprüfung

Machtinstrumente dienen entweder der Abwehr von inakzeptablen Ansprüchen oder der Durchsetzung eigener Interessen gegen einen Widerstand. Die Lage ist jedoch meist nicht von Anfang an klar zu erkennen. Wir treffen oftmals Entscheidungen und setzen Handlungen, obwohl wir noch nicht einmal genau wissen, worum es eigentlich geht. Was wir zu Beginn versäumen, kann jedoch später kaum mehr wettgemacht werden. Daher ist für einen maßvollen Umgang mit der Macht in jedem Fall eine *bewusste Realitätsprüfung* angebracht, bevor wir überhaupt eine Maßnahme setzen. Die Ergebnisse dienen als Entscheidungsgrundlage für die weitere Vorgangsweise und die Wahl der Eskalationsstufen.

Fremde Interessen überprüfen

Wenn jemand eine Handlung setzt, die wir nicht akzeptieren wollen, so können reale Ansprüche dahinterstecken. Ebenso kann es auch an unserer eigenen Fehlinterpretation liegen, dass wir ein Verhalten als unangebracht einstufen. Um dies zu überprüfen, benötigen wir Informationen über die Beweggründe des Gegenübers: Warum agiert diese Person so? Tut sie es aus Unaufmerksamkeit oder Versehen, aus Inkompetenz oder mit böser Absicht? Anstatt sich beleidigt zurückzuziehen oder aggressiv zu reagieren, starten wir mithilfe von *Testballons* die bewusste Realitätsprüfung.

Beginnen wir, um das Prinzip darzustellen, mit einem ganz banalen Beispiel: Stellen wir uns vor, Person A tritt Person B auf den Fuß. Person B kann nun *die Grenze markieren*, indem sie sagt: „Da stehe schon ich." Sie würde *Flagge zeigen*, wenn sie Körpersprache einsetzt, sich aufrichtet und die Augenbrauen erstaunt hebt. Will sie die Hintergründe genauer erforschen, kann sie *einen Spähtrupp aussenden* und jemanden mit der Recherche beauftragen, ob das schon öfter passiert ist. Sie kann *einen Dritten befragen*: „Meinst du, da steckt mehr dahinter?" Vielleicht möchte B aber lieber eine *Mini-Provokation* starten und steigt dem Gegenüber ebenfalls – doch eher sacht – auf die Zehen. Wenn sie ein *Köder auswerfen* will, sagt sie beispielsweise: „Der untere Fuß ist meiner", und wenn sie ein *Zuckerl anbietet*: „Das hätte mir auch passieren können." Ist Person B gewandt in Kommunikationstechniken, kann sie auch eine *Andeutung auf der Metaebene* machen und sagen: „Es gibt Leute, die steigen anderen ständig auf die Zehen." Oder schärfer: „Es gibt Leute, die steigen anderen auf die Zehen und bemerken es nicht einmal." Person B kann auch *einen Schritt zurück machen*, also physisch ausweichen, doch nicht zu weit, denn sie muss immer noch beobachten können, was dann geschieht. Fortgeschrittene geben eine *kontrollierte Gefühlsäußerung* von sich, sie schnauben leise „Aua" oder verziehen dezent die Miene vor Schmerz. Ist A eine vertrauenswürdige Person, darf B auch den Versuch wagen, die Sache *direkt anzusprechen:* „Du bist mir eben auf die Zehen getreten und hast dich nicht entschuldigt. Hat das einen bestimmten Grund?"

Testballons zur bewussten Realitätsprüfung

- Flagge zeigen
- die Grenze markieren
- einen Spähtrupp aussenden
- Dritte befragen
- eine Mini-Provokation starten
- einen Köder auswerfen
- ein Zuckerl anbieten
- einen Schritt zurück machen
- eine Andeutung auf der Metaebene machen
- eine kontrollierte Gefühlsäußerung abgeben
- die Sache direkt ansprechen

Mithilfe der Reaktionen auf die Testballons lassen sich eigene Projektionen, Vorurteile, Befürchtungen oder Vermutungen von realen Ansprüchen unterscheiden. Jemand, der im schroffen Verhalten seines Vorgesetzten einen persönlichen Angriff vermutet, erkennt möglicherweise bei einer Realitätsprüfung, dass das Benehmen des Chefs nur durch Stress hervorgerufen wurde. Die vermeintliche Beleidigung eines Kollegen entpuppt sich bei näherer Betrachtung vielleicht als eine etwas unbeholfene Form von Humor. Oft halten wir eine Aktion für einen aggressiven Akt oder einen Anspruch für unzumutbar, während stattdessen bloß ein Irrtum vorliegt.

Damit die Testballons nicht einfach als Spontanreaktion verpuffen, sondern als Realitätsprüfung wirksam werden, müssen wir nach der Aktion besonders aufmerksam auf die Reaktionen des Gegenübers achten. Diese können uns wesentliche Einsichten in die Beweggründe des anderen vermitteln. Wenn jemand unabsichtlich einen anderen verletzt, wird er sich ehrlich entschuldigen. Das Gleiche wird der Fall sein, wenn es aus Ungeschicklichkeit oder Überschwang passiert. War es allerdings Absicht, so wird die Reaktion auf die Realitätsprüfung dies entlarven. Durch diese Erkenntnisse gewinnen wir die Grundlagen für unsere Entscheidungen und einen gewissen Handlungsspielraum.

Hat die Realitätsprüfung etwa ergeben, dass ein Missverständnis vorliegt, kann man die Angelegenheit als erledigt betrachten. Man wird die Entschuldigung annehmen, oder man wird darüber hinwegsehen. Es bedarf keiner weiteren Maßnahmen. Ist man zu dem Schluss gekommen, dass man das Verhalten des Gegenübers als inkompetent, irrational oder unbewusst einstufen muss, sollte man solche Situationen in Zukunft eher meiden. Hat sich durch die Testballons jedoch herausgestellt, dass eindeutige Absichten vorliegen – seien sie böse oder kokett – und wir diese nicht akzeptieren wollen, so liegt ein Interessenkonflikt vor und wir müssen unsere Macht einsetzen. Dann gilt es, eine Entscheidung über die notwendigen Maßnahmen vorzubereiten.

Asiatische Kampftechniken verfügen für solche Situationen über eine brauchbare Regel, die in abgewandelter Form auch als Merkhilfe für die bewusste Realitätsprüfung hilfreich ist: Wir stellen fest, ob jemand „blind – blöd – oder böse" ist. Der erste Angriff kann aus „Unaufmerksamkeit" geschehen, der zweite aus „Unwissenheit". Erst beim dritten Mal wird gehandelt, denn dann steckt „böse Absicht", also ein Ziel, das dem eigenen dezidiert entgegensteht, dahinter. Erst im letzten Fall ist es sinnvoll, Maßnahmen zu ergreifen, um die eigenen Interessen zu verteidigen.

Eigene Interessen überprüfen

Eine bewusste Realitätsprüfung ist auch bei der Abklärung der eigenen Motivation angebracht. Zuweilen fassen wir Ziele ins Auge, ohne sie zu hinterfragen und unsere wahren Absichten vor uns selbst offenzulegen, oder wir verlieren das Maß bei der Wahl der Machtmittel. Führen wir daher gleich zu Beginn der Zielplanung einen Selbsttest durch und stellen die grundsätzliche Frage: „*Warum* will ich das überhaupt?" Während uns die Antworten auf die klassischen Fragen „Was?", „Wie viel?", „Wann?", „Wo?" und „Wie?" meist nicht schwerfallen, ist die Suche nach dem „Warum" unter Umständen problematischer. Hat jemand sich zum Ziel gesetzt, spätestens bis Jahresende eine Gehaltserhöhung um 20 Prozent zu erreichen, so sind die Fragen nach dem „Was?", „Wie viel"? und „Wann?" damit beantwortet. Aber nun sollte er sich noch einige persönliche Fragen stellen: „Warum will ich eigentlich eine Gehaltserhöhung? Weil alle Menschen Gehaltserhöhungen bekommen? Weil ich neidisch bin oder geldgierig? Weil es einfach wieder einmal an der Zeit wäre? Weil ich möchte, dass meine Leistung anerkannt wird? Und was passiert, wenn ich scheitere?"

Die ehrliche Antwort darauf kann zu überraschenden Ergebnissen führen, denn hinter jeder Antwort steht ein Wert oder eine Schwäche. Da die eigenen Motive nicht immer nur „ehrenwert" sind, vermeiden viele Menschen diese Phase, weil sie befürchten, dass die damit verbundene Selbsterkenntnis sie bei der Durchsetzung ihrer Interessen stören würde. Das Gegenteil ist jedoch der Fall: Wenn man seine eigenen Schwächen und „unedlen" Seiten kennt und diese integrieren kann, werden die Ziele realistischer. Man benötigt nicht so viel Kraft zur Verdrängung und gewinnt so an Durchsetzungsstärke. Manchmal ist es hilfreich, für diese Phase eine neutrale Person zurate zu ziehen. Das kann ebenso ein guter Freund, eine gute Freundin sein wie ein Berater oder Coach.

Bevor wir unnötig in einen Konflikt einsteigen, überprüfen wir die eigenen Ziele mit drei Fragen:

Selbsttest zur bewussten Realitätsprüfung

Motivation: Warum will ich dieses Ziel erreichen?
Hintergründe: Kann ich die „unedlen" Motive integrieren?

> Sicherheitsnetz: Wenn ich das Ziel nicht erreiche, was wäre
> das zweitbeste Ergebnis (second best) und
> was wäre der schlimmste Fall (worst case)?

Ressourcenbeschaffung

Erst wenn wir mit den Antworten auf die eigene Realitätsprüfung zufrieden sind, planen wir die Maßnahmen, mit denen wir von unserer Macht Gebrauch machen wollen. Bevor wir allerdings Handlungen setzen, müssen wir sie noch auf ihre Umsetzbarkeit überprüfen. Wir klären, ob wir die Mittel haben, eine Sache bis in die letzte Konsequenz durchzustehen. Aus welchen Quellen beziehen wir unsere Macht? Wie viel Geld, Know-how, Rückendeckung oder Mitstreiter haben wir zur Verfügung? Welchen Ersatz können wir schaffen, wenn unvorhergesehene Dinge eintreten? Neben dem Wissen um unsere eigenen Ressourcen müssen wir auch in Erfahrung bringen, welche Machtinstrumente der Gegner hat. Dazu gibt es in der großen Politik die Geheimdienste und in Unternehmen die guten Kontakte. Es gilt, durch Beobachtung und Recherche möglichst viel über den Handlungsspielraum und die Gewohnheiten des Gegners zu erfahren, um die Strategie optimal wählen zu können. Wenn wir den Gegner nicht sehr genau kennen, brauchen wir gute Spione und verschwiegene Vertraute, die uns diese wertvollen Einblicke vermitteln.

Stellen wir uns vor, jemand hätte dem Chef die Wünsche nach Gehaltserhöhung klar und gut begründet vorgelegt. Was ist aber, wenn dieser nicht darauf eingeht? Womit kann man nachsetzen? Welche Möglichkeiten gibt es, eine länger dauernde Auseinandersetzung durchzustehen? Welche weiteren Argumente haben wir zur Verfügung? Wie lange kann man eine abwehrende Haltung des Chefs verkraften? Wie reagiert man auf unsachliche Argumente? Ist er aufbrausend? Neigt er dazu, Bittsteller abzuwimmeln? Verunsichert er gerne sein Gegenüber?

Wenn wir jetzt das Ziel, die Beweggründe sowie die eigenen und fremden Machtinstrumente kennen, müssen wir unser Vorhaben noch absichern. Wir konstruieren verschiedene Szenarien mit allen Informationen, die wir über die Situation gesammelt haben. Wir gehen noch einmal alle Schritte durch und kommen zur Einschätzung der Hindernisse und Risiken. Was kann alles schiefgehen, wo liegen die Schwachstellen? Was ist, wenn mich meine Vertrauten im Stich lassen, wenn ich den Gegner falsch eingeschätzt habe, wenn mir die Luft ausgeht? Ein „worst case scenario" ist der wichtigste Teil der Absicherung. Was ist im schlimmsten Fall zu tun? Wie rette ich meinen Kopf, wenn wirklich alle Stricke reißen? Welche Alternativen gibt es? Es bewahrt uns vor Enttäuschungen und Angst, wenn wir auch für die schlimmste Variante eine Lösungsmöglichkeit entwickelt haben, mit der wir zur Not leben können.

1. Die gezielte Information

Hat die bewusste Realitätsprüfung ergeben, dass tatsächlich ein Interessenkonflikt vorliegt, so ist der erste Schritt auf dem Weg der kontrollierten Eskalation die *gezielte Information*. Lief das Machtfahrzeug während der Realitätsprüfung sozusagen im Leerlauf, wird jetzt der erste Gang eingelegt. Das Gegenüber muss noch einmal deutlich über die Fakten und/oder Hintergründe der eigenen Position aufgeklärt werden. Man informiert über den eigenen Standpunkt und zeigt seine Grenzen. Die Art, wie wir unsere Information abgeben und einholen, muss sich nach den Spielregeln des Machtschauplatzes richten. Der Ehemann, der seine Frau knapp informiert, wann und was er essen möchte, verletzt möglicherweise ebenso die Spielregeln wie die Abteilungsleiterin, die ihren Mitarbeitern lang und breit ihre emotionale Befindlichkeit erklärt. *Gezielt* ist eine Information dann, wenn Umfang und Stil dem Wertesystem des Schauplatzes angepasst sind.

Im Alltag eskalieren Interessenkonflikte häufig unkontrolliert wegen mangelnder Information: Die Führungskraft sagt nicht genau, was sie vom Mitarbeiter eigentlich möchte, und dieser reagiert verärgert, weil er die neuen Anforderungen nicht versteht. Die Frau tut ihrem Mann den Standpunkt zu einem Wohnungswechsel nicht deutlich kund und lässt ihn im Unklaren, bis er wieder einmal eine einsame Entscheidung trifft. Eltern oder Lehrer informieren Kinder nicht ausreichend über ihre Grenzen und reagieren mit Vorwürfen, wenn diese überschritten werden. In unserem Verständnis bedeutet das, dass jemand seine Macht nicht maßvoll eingesetzt hat. Durch die fehlende Information entsteht ein Machtvakuum, das von anderen nichtsahnend gefüllt wird. Stellt sich dann heraus, dass hier doch Ansprüche bestanden haben, ist die Eskalation des Konfliktes vorprogrammiert.

Ein weiterer Fehler könnte sein, dass wir zwar genügend Informationen über uns selbst abgegeben, aber zu wenig vom anderen eingeholt haben. Diese Phase ist der günstigste Zeitpunkt im Interessenkonflikt, um sich eingehend über die Hintergründe des Gegenübers zu informieren. Dazu kann man die Technik der Testballons vertiefen, um herauszufinden, *warum* jemand Ansprüche stellt. Mit diesem Wissen lassen sich unterschiedliche Ziele oft auf einem einfachen Weg ausgleichen. Die gezielte Information bietet zwar keine Garantie auf Erfolg, aber doch eine ernst zu nehmende Chance, rechtzeitig eine Lösung zu finden, um eine weitere Eskalation zu vermeiden und Kräfte zu sparen. Das gilt ebenso bei Beziehungsproblemen wie bei Konflikten im Berufsleben und bei divergierenden Interessen in der Politik.

2. Die konstruktive Verhandlung

Hat die gezielte Information keine Lösung des Konfliktes gebracht und man hat sich entschieden, seine Ziele weiter zu verfolgen, ist die *konstruktive Verhandlung* der nächste Schritt. Dieser wird oft übersprungen, weil viele Menschen entweder die Technik nicht beherrschen oder weil es ihnen an „Kondition" mangelt. Häufig behindert allerdings auch ein starkes Gerechtigkeitsgefühl die Bereitschaft, in Verhandlungen einzutreten. Wenn jemand nämlich meint, mit seinen Ansprüchen im Recht zu sein, will er mitunter die Sache lieber gleich in einem Kampf austragen und sieht keine Veranlassung zu Verhandlungen – ja er empfindet sie sogar als demütigend.

Im maßvollen Umgang mit der Macht muss die Verhandlung allerdings konstruktiv geführt werden. Das setzt voraus, dass man immer noch an einer Lösung interessiert ist, die für beide Partner annehmbar ist. Wenn in Verhandlungen der eine seine Interessen bedingungslos durchsetzt, ohne sich um die Folgen für den anderen zu kümmern, handelt es sich bereits um eine verdeckte Kampftechnik. Will man konstruktiv verhandeln, muss man wissen, was man dem Partner anzubieten hat und ob dieser die Angebote auch brauchen kann. Das können gute Argumente sein, Gegenleistungen oder Hilfestellungen. Ebenso ist es notwendig, sich vor Beginn einer konstruktiven Verhandlung darüber klar zu werden, worauf man verzichten würde und wo genau die absolute Grenze liegt. Bei der Gehaltsverhandlung könnte man zwei Überstunden anbieten, eine zusätzliche kleine Aufgabe übernehmen oder ein Geschäft vermitteln. Man könnte einen späteren Zeitpunkt akzeptieren oder mit einer geringeren Summe einverstanden sein.

Wer die Technik des Verhandelns trainieren möchte, kann das mithilfe von Büchern, Seminaren oder im Coaching tun, denn dazu existiert ein ausführliches Bildungsangebot. In einigen Berufen gehört sie zur Grundanforderung, und Rechtsanwälte, Politiker wie Manager verfügen darin meist über hervorragende Kompetenzen. Doch auch hier wirken sich die unterschiedlichen Spielregeln der Macht-Schauplätze aus. Lässt sich bei einem Kunden ein Fehler mit einem Gutschein wiedergutmachen (Markt), wird hingegen die Lebenspartnerin, der Partner für ein Fehlverhalten eine ausführliche Erklärung der Hintergründe erwarten (Haus). Kann man die Mitglieder seiner Meditationsgruppe auf ein nächstes Mal vertrösten, weil man heute zu gestresst ist (Tempel), wird hingegen das Finanzamt für einen Zahlungsverzug stichhaltige Beweise haben wollen (Burg). Wenn man die unterschiedlichen Wertesysteme der Schauplätze nicht beachtet, passiert es leicht, dass ein unpassendes Angebot unterbreitet wird und damit die Verhandlung scheitert. Konstruktives Verhandeln erfordert von allen Beteiligten eine hohe Bereitschaft, trotz unterschiedlicher Interessen und trotz des Einsatzes von Machtinstrumenten eine gemeinsame Lösung zu finden. Jedenfalls erreicht man bei dieser zweiten (friedlichen) Eskalationsstufe nicht mehr 100 Prozent seines ursprünglichen Zieles. Man muss Angebote und Abstriche machen, eine Zugabe oder einen Rabatt gewähren, um einen Kompromiss zu erzielen.

(x) Der geordnete Rückzug

Viele Anfänger des Machtstudiums geben ihr strategisches Verhalten auf und werfen die Flinte ins Korn, wenn Information und Verhandlung nicht gleich zur Klärung des Konfliktes führen. Sie verlieren die Nerven, fallen auf die Ebene der „spontanen Reaktion" zurück oder treten die Flucht an. Flucht ist jedoch eine überstürzte, chaotische Spontanreaktion, die aus Angst oder aus Erschöpfung geschieht. Man möchte nur noch weg aus der Situation, auch um den Preis, dass man dabei alles verliert. Unter dem Motto „Rette sich, wer kann!" gibt man alle Strukturen und strategischen Überlegungen auf, agiert nur noch instinktiv und „rennt um sein Leben".

Tatsächlich besteht, sofern man rechtzeitig damit beginnt, in jeder Phase des Machtzyklus die Möglichkeit für einen *geordneten Rückzug*. Dabei nimmt man zwar vorläufig Abstand von seinem Ziel, vermeidet dadurch aber größeren Schaden und bringt seinen Besitz, seine Informationen, seine Kontakte oder seine Ehre rechtzeitig aus der Gefahrenzone. Beim geordneten Rückzug bleibt man im strategischen Denken und rettet so viel, wie irgendwie möglich ist. Man benötigt allerdings noch genug Kraft, um die entsprechende Vorgangsweise zu planen und durchzuführen. Man geht dann auch nur so weit zurück, dass man wieder starten kann, wenn die Voraussetzungen besser geworden sind und man neue Entscheidungen getroffen hat. Diesen Schachzug versäumen viele Menschen, weil sie den Zeitpunkt falsch einschätzen oder weil ihr persönliches Wertesystem einen Rückzug mit Feigheit gleichsetzt.

Angenommen, das eigene Angebot in der Verhandlung war gut überlegt und entsprach den Spielregeln, doch der Interessenkonflikt geht trotzdem weiter. Vereinbarungen wurden zwar getroffen, dann aber nicht eingehalten, die Bereitschaft, zu verhandeln, wurde ausgenützt und es werden immer neue Forderungen gestellt. Die nachgiebige Haltung wird als Schwäche ausgelegt und mit Verachtung beantwortet. Wenn Verhandlungen zu keinem Ende kommen, wenn nach ihrem Abschluss eine unangenehme Stimmung das Klima vergiftet oder wenn sich Unverlässlichkeiten wiederholen, dann ist der geordnete Rückzug die letzte Gelegenheit, sich friedlich zu trennen und einen Kampf zu vermeiden.

3.a. Der unkontrollierte Kampf

Haben die friedlichen Formen der Macht – gezielte Information und konstruktive Verhandlung – keinen Erfolg gebracht, hat man sich nicht für einen geordneten Rückzug entschieden und möchte sich nicht selbst schädigen, bleibt als letzte Möglichkeit nur noch der Kampf. Bei „urwüchsigen" Eskalationen von Konflikten fällt dieser Kampf meist unkontrolliert aus. Irgendwann verliert man die Selbstbeherrschung, Kränkungen oder Provokationen zeigen

Wirkung und es folgt ein heißer oder auch ein kalter Wutausbruch. Man möchte nur noch verletzten oder zerstören, ja manchmal empfindet man sogar Mordgelüste. Die Handlungen folgen keinem Plan mehr, sondern werden überwiegend von starken Emotionen geleitet. Damit kann man zwar auch Erfolge erzielen, weil der Gegner Angst bekommt, aber der Aufwand steht oft in keinem Verhältnis zum Ergebnis und das Ausmaß der Beschädigung macht eine Versöhnung häufig für lange Zeit unmöglich.

3.b. Der kontrollierte Kampf

Für einen kompetenten Umgang mit der Macht ist es notwendig, den *kontrollierten Kampf* zu erlernen. Damit ist eben nicht ein irrationales, „blindes Wüten" gemeint, denn dieses würde bedeuten, dass einem die Situation entglitten ist. Vielmehr überlegt man gut, ob das angestrebte Ziel einen Kampf wert ist und man dabei nicht von Emotionen wie Rachegefühlen, gekränkter Ehre, Neid oder Hass geleitet wird. Oft hat es mehr Sinn, die Gefühle mit sich selbst ins Reine zu bringen, sie mit einem Freund oder einem Berater zu bearbeiten, als sich auf einen Kampf einzulassen. Dieser bringt für das Gefühlsleben meist nur eine kurze Erleichterung, dafür aber neue Verletzungen. Hat man gewonnen, wird man wahrscheinlich mit der Rache des Verlierers oder mit eigenen Schuldgefühlen konfrontiert werden. Hat man eine Niederlage erlitten, muss man erst mit der Enttäuschung und dem Schaden fertig werden.

Wir erwarten üblicherweise von einem Kampf, dass ein Sieg die volle Umsetzung der eigenen Ziele ermöglicht. Der Sinn des kontrollierten Kampfes ist jedoch ein anderer: Mit einem Sieg sind wir nicht bei der letzten Eskalationsstufe angelangt, an der wir dem Gegner nun die Bedingungen aufzwingen können. Ein Sieg im kontrollierten Kampf dient ausschließlich dazu, den Gegner davon zu überzeugen, dass die konstruktiven Verhandlungen wiederaufgenommen werden müssen, damit ein tragfähiger Kompromiss ausgehandelt werden kann. Nach der dritten Stufe geht es also wieder zurück zur zweiten, und erst dort kann man den Macht-Eskalations-Zyklus beenden.

Da der Kampf in unserer Gesellschaft zu den am meisten tabuisierten Verhaltensweisen zählt, ist der Kunst des Kämpfens nach dem Ende der Beschreibung des M.E.K-Zyklus ein weiteres Kapitel gewidmet.

4. Die aufrichtige Versöhnung

Sowohl aus Gründen der Moral als auch der Kräfteökonomie sollte man die Anzahl seiner Feinde gering halten. Endlose Kämpfe, unkontrolliert eskalierende Konflikte und viele offene Fronten zehren an der Energie und verderben den meisten Menschen auch die Lebensfreude. Daher gehört zum maßvollen Umgang mit der Macht die Fähigkeit, sich nach einer Auseinandersetzung wieder zu versöhnen und nachhaltigen Frieden herzustellen. Soll das Vertrauen zurückgewonnen werden, um diese Beziehung wieder belastbar zu machen, muss eine Versöhnung bei beiden Partnern in allen sechs Schritten erfolgen.

Die Person (A), die an der Wiederherstellung des Friedens interessiert ist, setzt den Versöhnungsprozess in Gang und beginnt mit der *Selbstreflexion*. Das bedeutet, die ehrliche Klärung der eigenen Handlungen und ihrer Motive und daraus folgend die Erkenntnis der eigenen Schuldanteile an diesem Konflikt. Ist man mit sich im Reinen, folgt als Nächstes die *Selbstoffenbarung* gegenüber der betroffenen Person, die Beschreibung der Geschehnisse aus der subjektiven Sicht, das Eingeständnis der eigenen „Schuld". Soll die vorsichtige Annäherung gelingen, braucht die andere Person (B) die Bereitschaft und die Fähigkeit zum *Verstehen*. Sie muss zuhören und trotz der eigenen Verletztheit dem

„Täter" eine Chance geben. Hat B die Schilderung von A zu Ende gehört, sollte B nicht gleich antworten oder wieder in Emotionen verfallen. Vielmehr ist es hilfreich, sich zum *Verarbeiten* zurückzuziehen und auch wenn man noch nicht alles akzeptieren kann, diesen Akt als ersten Schritt zur Versöhnung zu akzeptieren, keine Gegenangriffe mehr vorzunehmen und erst mal abzuwarten. Beide Parteien benötigen Zeit zum Verdauen, um die in Kämpfen meist sehr strapazierten Gefühle wieder zur Ruhe kommen zu lassen. Haben beide diese ersten Schritte ohne Rückfall in den Kampf und neuerliche Verletzungen überstanden, beginnt die nächste Phase, die sowohl A wie auch B starten kann. Der Systematik halber bleiben wir bei A. Es folgt die ehrliche *Entschuldigung,* begonnen mit mündlichem oder schriftlichem Bedauern und einem Gefühlsausdruck, der zeigt, dass es einem ernst damit ist. Der Partner muss nun verzeihen können. Ehrliche *Vergebung* bedeutet, die Entschuldigung auch wirklich anzunehmen, denn eine Ablehnung belässt die Schuld beim anderen und bildet einen neuerlichen Konfliktherd. Das wäre die Technik, die „glühenden Kohlen" auf dem Haupte seines Feindes zu sammeln, wie sie in der Bibel erwähnt wird: Der Gegner muss an seinen eigenen Schuldgefühlen leiden.

Möchte man jedoch nach einem Kampf wieder nachhaltigen Frieden schaffen, so ist damit noch lange nicht alles getan. Oft hört man die Klage: „Entschuldigen reicht nicht." Und tatsächlich wäre das zu einfach. Nahezu zeitgleich damit muss die *Wiedergutmachung* erfolgen oder zumindest angekündigt werden. Es geht darum, etwas anzubieten, das die andere Person wirklich brauchen kann oder für einen selbst ein Opfer bedeutet. Das heißt beispielsweise, eine materielle Entschädigung für die Verletzung zu bieten, auch wenn diese „nur" einen ideellen oder emotionalen Schaden erzeugt hat. Das beginnt beim Blumenstrauß, der Bonbonniere, einer Einladung zum Essen und steigert sich je nach Schwere der Auseinandersetzung bis zu größeren Geschenken oder Aktionen. Wenn man sich ernsthaft versöhnen möchte, ist es dabei nicht so wichtig, ob die Schuldverteilung exakt ermittelt werden konnte. Dies ist ja häufig nicht einmal bei Gericht möglich, geschweige denn im Alltag. Viel wichtiger ist die Bereitschaft, zumindest den eigenen Anteil wiedergutzumachen. Das Gegenüber muss die Wiedergutmachung *akzeptieren*, folglich das Angebot annehmen, wenn es als angemessen betrachtet wird, oder einen Hinweis auf das erwartete Ausmaß geben. Zudem ist spätestens an dieser Stelle die Zeit gekommen, den eigenen „Schuldanteil" aufzuarbeiten und auch seinerseits um Entschuldigung zu bitten. Damit der Friede hält, sollte das *Versprechen* folgen, wodurch eine Wiederholung verhindert werden soll, und auf der anderen Seite das *Vertrauen* ausgedrückt werden, dem Vorhaben Glauben zu schenken. Zum Abschluss vollzieht sich bei beiden Partnern die *Integration*, womit gemeint ist, das neue Verhalten in den Alltag aufzunehmen und zu automatisieren. Und ganz wesentlich auch für beide: das *Vergessen*. Das bedeutet, nach einer angemessenen Zeit die Angelegenheit ruhen zu lassen und auch bei neuen Konflikten nicht mehr anzusprechen. Erst wenn bei einem nächsten Konflikt die alten Wunden nicht mehr aufbrechen und vergangene Verletzungen nicht mehr als Waffe verwendet werden, ist die Versöhnung wirklich geglückt.

Während des ganzen Prozesses sind Vorwürfe, Gegenangriffe, Schweigen, Beleidigtsein oder Unterbrechen nicht hilfreich. Weinen dient hingegen als Ausdruck des Vertrauens und des Zulassens von Schmerz durchaus der Versöhnung. Dieses Verfahren mag sehr aufwendig erscheinen. Es macht vielen Menschen Angst, sich auf all diese Schritte einzulassen, Schwächen zuzugeben und das Risiko einer neuerlichen Verletzung einzugehen. Diese Anstrengung hat aber in jenen Beziehungen Sinn, die auf Dauer und auf Nähe ausgelegt sind – sowohl im privaten als auch im beruflichen Zusammenhang. Denn schwelende Konflikte kosten Kraft und das Risiko der Verhärtung und letztlich der Trennung ist ungleich höher. Ein nachhaltiger Versöhnungsprozess kann bei Einzelpersonen Stunden, aber auch Wochen oder Monate dauern. Findet er zwischen politischen Gruppierungen oder verfeindeten Staaten statt, dann lassen sich die missglückten Versuche der Beilegung des Konfliktes oft über Generationen zurückverfolgen.

Mit der aufrichtigen Versöhnung ist der Macht-Eskalations-Kontroll-Zyklus abgeschlossen. Es gelingt natürlich nicht immer, die Konflikte so gründlich zu bereinigen. Oft klappt es trotz aller Anstrengung auch nicht ohne fremde Hilfe. Freunde als Vermittler können hilfreich sein oder durch ihre eigene Voreingenommenheit auch noch mehr Schaden anrichten. Als professionelle Unterstützung eignen sich Psychotherapeuten, Coaches, Mediatoren oder Macht-Analytiker.

Die aufrichtige Versöhnung für nachhaltige Beziehungen

Person A   **Person B**

A1. Selbstreflektieren   B1. Verstehen
A2. Selbstoffenbaren   B2. Verarbeiten
A3. Entschuldigen   B3. Verzeihen
A4. Wiedergutmachen   B4. Akzeptieren
A5. Versprechen   B5. Vertrauen
           AB6. Integrieren
           AB7. Vergessen

Regeneration und Integration der Erfahrungen

Während des gesamten M.E.K-Zyklus ist mehrmaliges Innehalten nötig, um die Zwischenergebnisse zu überprüfen. So kann es sinnvoll sein, in einer Verhandlung die Pausen zu nützen und nachzuspüren, ob man sich noch auf dem Weg zum ursprünglichen Ziel befindet: „Wie weit bin ich mit meiner Strategie bis jetzt gekommen? Hat mich vielleicht der Gegner bereits von meinem Terrain verdrängt, ohne dass ich es überhaupt bemerkt habe?" In dieser Phase ist es hilfreich, auch auf seinen „Bauch" zu hören, denn das bewusste Wahrnehmen von Körperempfindungen oder Stimmungsschwankungen liefert mitunter interessante Aufschlüsse. Wenn man etwa während einer Verhandlung Kopfschmerzen oder Magenschmerzen bekommt, wenn man sich wütend, traurig oder hilflos fühlt, können das Hinweise auf Botschaften sein, die uns auf der bewussten Ebene der Kommunikation entgangen sind. Je nach Ergebnis der Zwischenbilanz korrigieren wir dann das Ziel oder die Strategie.

Ist das Ziel erreicht, gehen die meisten Menschen gleich zur Tagesordnung über oder stürzen sich in die nächste Aktion. Damit wir die Erfahrungen nutzen können, sollten Erfolge ausgiebig gefeiert werden. Zudem ist das die Gelegenheit, allen Helfern zu danken und so die Verbindung zu ihnen zu stärken. Doch auch nicht erreichte Ziele verlangen entsprechende Aufmerksamkeit und Trauerarbeit. Die damit verbundenen Gefühle von Enttäuschung, Wut oder Minderwertigkeit brauchen Gelegenheit, um sich auszudrücken. Dafür kann man sich allein Zeit nehmen oder sich von guten Freunden Trost und Zuspruch holen.

Doch egal wie ein Konflikt ausgegangen ist, in jedem Fall müssen wir auch eine Regenerationsphase einplanen, um die Anstrengung zu verarbeiten und die verbrauchten Kräfte wieder aufzubauen. Kein Leistungssportler würde sich ohne Erholungspause sofort nach einem entscheidenden Wettkampf in einen nächsten stürzen. In der Praxis bedeutet das, dass wir nach einer großen Aktion ein weiteres Aufgreifen von Konflikten möglichst eine Zeit lang hintanhalten, bis wir wieder in guter Form sind.

Am Ende eines jeden Interessenkonfliktes sollte man sich Zeit nehmen, um das Geschehen Revue passieren zu lassen. Bei erfolgreicher Aktion geht es um die Fragen: Warum ist meine Strategie aufgegangen? Was hat besonders gut geklappt? Auf wen kann ich mich verlassen? Worauf kann ich stolz sein? Was kann ich nächstes Mal noch besser machen? Hat man einen Misserfolg erlitten, ist eine „Manöverkritik" angebracht: Wo habe ich etwas übersehen? Wo habe ich mich ablenken lassen? Wo war meine Achillesferse? Was möchte ich besser machen? Mit dem Wissen um die Schwachpunkte und der Bereitschaft, dazuzulernen, lassen sich das nächste Mal kritische Situationen leichter bewältigen.

Der M.E.K-Zyklus
Macht-Eskalations-Kontroll-Zyklus

0 Die bewusste Realitätsprüfung
Friedliche Formen der Macht:
1. Die gezielte Information
2. Die konstruktive Verhandlung
Kämpferische Formen der Macht
3.a. Der unkontrollierte Kampf
3.b. Der kontrollierte Kampf
4. Die aufrichtige Versöhnung
Der geordnete Rückzug (x) ist nach jeder Phase möglich.

Möglicherweise entsteht nun der Eindruck, dass strategisches Verhalten gegenüber der spontanen Handlung im Nachteil sei und dass die geforderte Komplexität der Abläufe ein schwerfälliges und langsames Verhalten bewirke. Das ist jedoch keineswegs so. Was hier so ausführlich geschildert wird, läuft in der Praxis oft in wenigen Momenten ab. Während eines wichtigen Gespräches können Sekunden der Besinnung ausreichen, um den nächsten Schritt strategisch zu erfassen. Andererseits kann eine solche Planung, etwa bei einer Scheidung oder bei einer Kündigung, auch Stunden und Tage in Anspruch nehmen. Auch wenn der Umgang mit der Macht zu Beginn kompliziert zu sein scheint, jede Kompetenzerweiterung unterliegt den Gesetzmäßigkeiten des Lernens und da gehören Phasen der Frustration und der Verunsicherung dazu: Verwechselten wir in der Fahrschule noch die Bremse mit der Kupplung, müssen wir heute beim Autofahren keinen Gedanken mehr darauf verschwenden. Auch im Umgang mit der Macht werden Routinefälle nach einiger Zeit souverän abgewickelt. Die Prozesse laufen automatisch ab und verlangen keine besondere Aufmerksamkeit mehr.

Auch eine gewissenhafte strategische Planung und eine aufmerksame Durchführung bieten keine Garantie auf Erfolg. Selbst bei bester Vorbereitung und größter Umsicht kann man sich irren oder können sich die Dinge anders entwickeln. Hat man die Lage jedoch gründlich durchdacht, sind im Falle einer Niederlage die Enttäuschung und auch der Schaden nicht so groß. Die Chancen stehen wesentlich besser, gesetzte Ziele auch wirklich zu erreichen. Wurde das grundlegende Prinzip verinnerlicht, kann man mithilfe des M.E.K-Zyklus jederzeit klären, wo ein Interessenkonflikt zu einem bestimmten Zeitpunkt steht und die nächsten Entscheidungen treffen.

Anregungen zur Selbstreflexion

❏ Überprüfen Sie anhand des M.E.K-Zyklus, welche Fragestellungen Ihnen vertraut und welche neu für Sie sind.
❏ Überprüfen Sie, mit welchen Phasen im Ablauf eines Interessenkonfliktes Sie keine Erfahrungen haben und welche Sie üblicherweise überspringen.
❏ Bewerten Sie Ihre Kompetenz im Bereich der einzelnen Stufen der Machteskalation auf einer Skala von 1–5 und planen Sie je nach Ergebnis Ihr Trainingsprogramm.

0	Die bewusste Realitätsprüfung	1	2	3	4	5
1.	Die gezielte Information	1	2	3	4	5
2.	Die konstruktive Verhandlung	1	2	3	4	5
3.a.	Der unkontrollierte Kampf	1	2	3	4	5
3.b.	Der kontrollierte Kampf	1	2	3	4	5
4.	Die aufrichtige Versöhnung	1	2	3	4	5
(x)	Der geordnete Rückzug	1	2	3	4	5

❏ Können Sie Ihre Erfolge feiern, und wenn nicht, was machen Sie stattdessen?

❏ Haben Sie Erfahrung, wie Niederlagen zu betrauern sind, und wenn nicht, was machen Sie stattdessen?

❏ Wissen Sie, wie Sie sich von Zielen und Wünschen loslösen können, und wenn nicht, wie gehen Sie stattdessen damit um?

❏ Verfügen Sie über ein funktionierendes Regenerationsprogramm, mit dem Sie nach großen Belastungen physisch und psychisch wieder auftanken können?

❏ Führen Sie nach Konflikten eine retrospektive Betrachtung des Ablaufes durch und integrieren Sie die Erkenntnisse in Ihr Verhalten, und wenn nicht, wie könnten Sie Ihre Lerneffizienz verbessern?

Verwenden Sie bei der strategischen Planung Ihrer Zielerreichung folgendes Schema und beantworten Sie jede Frage zuerst für sich selbst und dann für den Konfliktpartner/Gegner.

cbj-Macht-Analyse©

ICH/WIR	PARTNER/GEGNER (NN)
(Selbstreflexion)	(Recherche, Vermutung)

(Ziel/Widerstand)

1. Was will ich?	Was will NN?

2. Auf welchen Schauplätzen spielt der Konflikt?
Haus/Markt/Burg/Tempel

(Hierarchie)

3. Welche Position habe ich im System?	Welche Position hat NN?

(Recht/Werte)
4. Wie bin ich legitimiert?   Wie ist NN legitimiert?
von außen:
von innen:

(Quellen/Ressourcen)
5. Welche Machtinstrumente   Welche hat NN?
habe ich?

(M.E.K-Zyklus)
6. Welche Eskalationsstufe   Welche hat NN?
habe ich erreicht?

(Grenzen)
7. Wie weit würde ich gehen?   Wie weit geht NN?

(Risiko)
8. Welchen Preis muss ich   Preis von NN?
bezahlen?

(Chancen auf Frieden)
9. Welches Versöhnungspotenzial   Versöhnungsbereitschaft
habe ich?   von NN?

2. Kapitel

Die Kunst des Kämpfens

Vielen Menschen mangelt es an Kampfkompetenz und Wissen. Sie verharren nach den beiden friedlichen Stufen – Informieren und Verhandeln – in einer Pattsituation. Ein Rückzug erscheint ihnen nicht sinnvoll, weil sie das Terrain nicht aufgeben wollen oder können. Den Kampf können sie nicht führen, weil sie sich vor Verletzungen fürchten und keine wirksamen Techniken kennen. Diese Vermeidung erzeugt jedoch keinen harmonischen Zustand, sondern ein Spannungsfeld, das oft bis zur Selbstschädigung, zum Burn-out, zum psychischen oder physischen Zusammenbruch reicht. Solche Situationen mitsamt ihren verheerenden Auswirkungen lassen sich im Alltag unter anderem bei Scheidungsprozessen oder bei Mobbing am Arbeitsplatz beobachten.

Dass Menschen, die kämpfen, in unserer Gesellschaft überwiegend negativ bewertet werden, hat im Wesentlichen drei Gründe: Zum Ersten ist der Kampf als extreme Form der Machtanwendung von der Tabuisierung besonders stark betroffen. Die historischen und gesellschaftlichen Ursachen dafür wurden schon im ersten Teil des Buches beschrieben. Weil Machtmissbrauch in der Geschichte immer wieder an eine Verherrlichung des Kampfes gekoppelt war und die nachfolgenden Generationen die Vergangenheit nicht bewältigen konnten, mussten sie den Kampf oft pauschal verdrängen und mit einem Tabu belegen. Ein weiterer Grund, warum die *Kunst des Kämpfens* lange verbannt war, liegt im Vordringen der Frauen ins Berufsleben. Da diese ihre Spielregeln vom Schauplatz Haus mitbrachten und verwirklichen wollten, wurde vorerst das Thema Wettkampf am Arbeitsplatz zurückgedrängt. Die Männer achteten auf ihre Wortwahl, um nicht als aggressive Machos in Verruf zu geraten, die Sprache wurde von den letzten kämpferischen Anklängen befreit. Der dritte Grund liegt in den persönlichen Lebenserfahrungen und Werten vieler Menschen: Sie schreiben dem friedliebenden Verhalten einen so hohen Stellenwert zu, dass sie überzeugt sind, mit ihrem Verzicht auf den Kampf einen Beitrag für eine bessere Welt zu leisten. Andere haben in ihrer persönlichen Geschichte Kämpfe nur in ihrer extremen Zerstörungskraft erlebt. Sie verbinden damit ausschließlich negative und angstmachende Gefühle, sodass sie sich mit der Frage der Zweckmäßigkeit beispielsweise zur Selbstverteidigung gar nicht auseinandersetzen können.

Insgesamt wird in unserer Gesellschaft der Kampf nicht als adäquates Mittel zur Durchsetzung bei Konflikten angesehen. Berichte aus anderen Kulturen weisen darauf hin, dass auch eine positive Einstellung dazu möglich ist: Kämpfen zählte oft nicht nur zum Handwerk, es wurde sogar als „Kunst" betrachtet. Da gab es Prinzipien und Regelsysteme, die einzuhalten waren, und Schulen, in denen man diese erlernen konnte und musste. Krieger waren mit hohem Status belegt, weil sie das Überleben der Mitbewohner sicherten. Auch für uns moderne, westliche Menschen ist es wichtig, zu begreifen, dass ein Kampf notwendig, ja sogar nützlich sein kann. Oftmals gelingt es allein durch einen Kampf, verkrustete Strukturen aufzubrechen, eine eingeschlafene Beziehung zum Leben zu erwecken, Illusionen in Realitätsgefühl zu verwandeln oder Größenwahn zu relativieren. Im Volksmund gilt der Spruch vom „reinigenden Gewitter" auch für zwischenmenschliche Beziehungen, doch nur wenige stellen sich darunter einen „klärenden", gut geführten Kampf vor.

Die Tabuisierung, die Ablehnung und die Verdrängung des Kämpfens haben nicht zu einer Verringerung der kämpferischen Auseinandersetzungen geführt – nicht in der Weltpolitik, nicht in der Wirtschaft und nicht in den persönlichen Beziehungen. Wenn Verhandlungen nichts bringen, wird nach wie vor gekämpft – es ist nur nicht üblich, es offen zu tun, und es wird nicht darüber gesprochen. Dadurch ist es viel schwieriger geworden, einen Kampf als solchen zu erkennen. Er wird meist verdeckt geführt, oder er versteckt sich hinter scheinbar friedlichen Maßnahmen. Auch Menschen, die für sich beschlossen haben, nicht zu kämpfen, geraten privat oder beruflich immer wieder in Situationen, die ihnen keine andere Wahl lassen. Wenn sie nicht ständig ihre eigenen Ziele aufgeben oder gar selbst zugrunde gehen wollen, bleibt ihnen letztlich nur der Kampf.

Dennoch stehen viele Menschen mit einer Art von „Sendungsbewusstsein" an ihrem Arbeitsplatz und wollen die Menschen verbessern. Doch es muss ihnen klar sein, dass sie damit einen pädagogischen, therapeutischen oder ideologischen Auftrag erfüllen, für den sie allerdings nicht bezahlt werden, wenn sie etwa in einem gewinnorientierten Konzern als Controller/in beschäftigt sind. Bestenfalls wird man sie nicht daran hindern und ihnen das „Privatvergnügen" gönnen, eine kampffreie Zone aufzubauen und sich dafür auch noch mehr anzustrengen als die anderen. Hat man mit viel Mühe die Bedingungen am Arbeitsplatz verändert, sind sie oftmals enttäuscht, wenn der Nachfolger seine Macht wieder nach den alten Regeln ausübt und sie keinen nachhaltigen Effekt erzielt haben. Besonders große Organisationen werden durch solche Aktionen in keiner Weise beeinflusst.

Stellen wir uns vor, jemand findet, dass Boxen ein grausamer Sport ist. Anstatt sich fernzuhalten, beschließt er, das zu ändern. Er tritt einem Boxverein bei, arbeitet sich dort mit viel Mühe zum Präsidenten hinauf und verändert die Bedingungen grundlegend: Anstelle der brutalen Kämpfe wird nun eine wunderschöne Performance geboten, statt zu boxen, bewegen sich die Sportler in

Zeitlupe, ohne den Gegner zu berühren. Vielleicht ist er oder sie damit sogar erfolgreich und spricht ein neues Publikum an – doch daneben würde wieder ein Boxverein entstehen für alle, die eben boxen wollen.

Früher war es für Entscheidungsträger in Wirtschaft und Politik selbstverständlich, Schulungen in „strategischer Planung" und „Kampfrhetorik" zu absolvieren, um ihre Herausforderungen zu meistern. Die Methoden waren aus dem Militär entlehnt und wurden durch die Erkenntnisse brillanter Theoretiker wie beispielsweise Arthur Schopenhauer oder Carl von Clausewitz untermauert. Doch in der zweiten Hälfte des 20. Jahrhunderts verschwanden die kämpferischen Fortbildungsmaßnahmen nahezu vollständig aus den Trainingsprogrammen. Heute vermitteln Kommunikationsseminare, in denen man Informations- und Verhandlungstechniken oder Konfliktmanagement erlernen kann, überwiegend Methoden aus der psychologischen Beratung. Da geht es um Themen wie Vertrauen aufbauen, Fairness, aktives Zuhören, Sensibilität, Verständnis, Konsensbildung und sanfte Überzeugung. Diese dienen der Vermeidung von Kampfmaßnahmen und erwecken damit den Eindruck, dass sie diese restlos ersetzen könnten. Sie sind jedoch nur so lange sinnvoll, als alle Partner noch bereit sind, ihre Ziele zugunsten einer gemeinsamen Lösung zu verändern. Da das nicht immer der Fall ist, müsste man als Nächstes kämpfen.

Beschädigung und Verletzung

Ab der Entscheidung zum Kampf ändern sich auch die Spielregeln grundlegend, denn ein Kampf endet mit Sieg oder Niederlage – da heißt es nur noch „Ich oder der andere". Jemand, der eben noch ein Partner in der Auseinandersetzung war, wird plötzlich zum „Gegner". Bevor nun ein Missverständnis entsteht, sei deutlich festgehalten, dass das keineswegs bedeutet, sich brutal oder unmäßig zu verhalten – ganz im Gegenteil. Doch wer kämpft, muss damit leben können, dass der andere oder man selbst eine Enttäuschung, eine Verletzung oder einen materiellen Verlust erlebt – dass es einen Verlierer gibt. Auch beim kontrollierten Kampf geht es darum, zu gewinnen, er unterscheidet sich allerdings in einigen Punkten vom „urwüchsigen" Kampf und gehört zur hohen Schule der Macht-Gestalter/innen.

Die oberste Tugend eines kontrollierten Kämpfers/einer Kämpferin ist die Selbstbeherrschung. Sie lassen sich niemals von Emotionen mitreißen – nicht vom Zorn und nicht von der Liebe. Sie sind nicht zimperlich in der Wahl der Mittel, agieren bedächtig und können den Kampf sofort beenden, wenn der Anlass beseitigt ist oder der Gegner Verhandlungsbereitschaft zeigt. Sie verfügen über ausreichende Ressourcen und die Bereitschaft zum Selbstschutz. Die zerstörerische Kraft des Kampfes ist ihnen bewusst, und sie setzen ihn nur als letztes Mittel ein – wenn alle anderen Möglichkeiten versagt haben und das Ziel es wert ist. Sie können die menschlichen Konsequenzen, die ihre Handlungen auslösen, abschätzen, verantworten und ertragen. Einen Sieg verwenden sie nicht dazu, um ihre Ziele rigoros durchzusetzen oder um den Gegner zu demütigen, sondern zur Wiederaufnahme der konstruktiven Verhandlung. Eine eigene Niederlage können sie emotional verarbeiten, ohne Rachegelüste zu entwickeln. Sie sind ebenso gute Verlierer wie Gewinner.

Einen kontrollierten Kampf zu führen bedeutet also, die eigenen Emotionen zu beherrschen. Ein bekannter Rechtsanwalt pflegte seinen neuen Klienten die Gewissensfrage zu stellen: „Wollen Sie kämpfen oder wollen Sie gewinnen?" Diejenigen, die den Kampf nur als Ventil für ihre Emotionen benutzen wollen, schickte er zum Psychotherapeuten. Mit denen, die den Kampf gezielt als Mittel zur Durchsetzung ihrer Interessen einsetzen wollten, errang er spektakuläre Erfolge. Nicht der Rachefeldzug oder die Bestrafung sollte das Ziel eines kontrollierten Kampfes sein, sondern die rasche Rückkehr zur Verhandlung oder zur Information, um den Interessenkonflikt zu beenden und den Schaden so gering wie möglich zu halten. Mit einiger Übung in der Kunst des Kämpfens kann man die Methoden der Gegner rascher durchschauen und auch rechtzeitig erkennen, wenn ein verdeckter Kampf geführt wird. Man ist auch in der Lage, maßvoll darauf zu reagieren und die eigenen Interessen zu vertreten.

Inventur in der „Waffenkammer"

Die Kunst des Kämpfens besteht nicht darin, mit sanften „Methoden" zu agieren, sondern diejenigen auszuwählen, die bei geringstem Schaden die größte Wirkung haben. Nach unserem Macht-Eskalations-Kontroll-Zyklus heißt die Reihenfolge der Maßnahmen: *Information, Verhandlung, (Rückzug)* und erst als letzter Schritt der *Kampf.* Doch das bedeutet nicht, dass sich alle daran halten. Konfliktpartner können beispielsweise vorgeben, immer noch zu verhandeln, obwohl sie in Wirklichkeit bereits kämpfen und den anderen mit allen Mitteln „fertig machen" wollen. Dies tun sie jedoch verdeckt, sodass das Gegenüber möglichst lange in gutem Glauben bleibt und leichter „über den Tisch gezogen" werden kann. Daher muss man lernen, sich mit allen Mitteln zu schützen, denn die Menschen sind oft trickreich, und ihre Techniken bestehen auch aus Überrumpeln, Tarnen oder Täuschen. Auch muss man sich manchmal selbst für eine verdeckte Technik entscheiden, weil für einen offenen Kampf die Ressourcen fehlen.

Welche „Waffen" wir selbst bei einem Kampf bevorzugen und welche wir bei anderen erkennen können, hängt von unserem Temperament und unserer Erziehung ab. Ersucht man Menschen, ihre drei bevorzugten Kampftechniken zu nennen, haben nur wenige darauf sofort eine Antwort parat. Sie finden keine Worte oder meinen, über keine Kampftechniken zu verfügen. Das liegt meist daran, dass sie diesen Teil ihres Verhaltens verdrängt haben. Doch jeder Mensch besitzt ein Repertoire an „Waffen", denn jeder hat bei Interessenkonflikten schon gekämpft, er hat sein Verhalten vielleicht nur nicht als Kampf bezeichnet. Fragt man allerdings nach drei Kampftechniken, die ein guter Bekannter bei Auseinandersetzungen verwendet, gelingt es schon eher, das kämpferische Verhalten beim Namen zu nennen.

In unserer Gesellschaft werden Kämpfe ja selten mit der Faust, sondern hauptsächlich über die Kommunikation abgewickelt. Doch diese ist nur eine Abstraktion von Kampftechniken, wie wir sie auch in einem Western oder einem Kriegsfilm beobachten können, denn Kämpfe auf der mental-emotionalen Ebene folgen denselben Prinzipien wie auf der physischen. So wie jeder beliebige Gegenstand als Waffe verwendet werden kann, kann auch jedes Verhalten zur Kampftechnik werden. Abhängig von der geltenden Ethik werden offene, passive oder verdeckte Methoden eingesetzt. Werfen wir einen Blick in die „Waffenkammer" der Menschen des 21. Jahrhunderts, so finden wir dort drei Kategorien vor: *offene Kampftechniken,* wie zum Beispiel Konfrontation, Demütigung, Beschimpfung, Provokation, *passive Kampftechniken*, etwa Schweigen, Blockade, Tarnung, Leiden, und *verdeckte Kampftechniken*, darunter Kontrolle, Intrige, Manipulation, Verunsicherung.

Manche der Verhaltensweisen, die hier als Waffen angeführt wurden, könnten ebenso mit friedlichen Absichten in einem Gespräch eingesetzt werden oder Ausdruck eines ehrlichen Gefühls sein. Der Unterschied ergibt sich nun dadurch, ob noch eine Partnerschaft besteht oder bereits eine Gegnerschaft. In einem konstruktiven Verhältnis ist es beiden wichtig, dass eine Lösung von allen akzeptiert wird, während in einem feindlichen nur noch das eigene Ziel von Bedeutung ist und eine Schädigung des anderen in Kauf genommen wird.

In einschlägigen Sachbüchern wird hauptsächlich über den verdeckten Kampf – über Lügen und Betrügen, über List und Intrigen – geschrieben. Viele Leser/innen empfinden das als Frontalangriff auf ihr Wertesystem und wollen sich nicht weiter mit diesem Thema beschäftigen. Doch niemand kann damit rechnen, niemals kämpfen zu müssen. Man wird höchstwahrscheinlich auch Menschen begegnen, die „mit allen Wassern gewaschen" sind. Daher ist es sinnvoll, die inneren Widerstände zu überwinden und einen Blick in die „Waffenkammer" der Machtmenschen zu werfen, ohne gleich moralisch die „Nase zu rümpfen". Welche Methoden zur Anwendung kommen, muss letztlich jeder Mensch für sich selbst entscheiden.

Will man sich genauer über die *Kunst des Kämpfens* informieren und mehr darüber lernen, braucht es einige Kreativität, um geeignete Quellen zu finden. Eine Möglichkeit bietet die Lektüre über Macht und Kriegskunst: Machiavelli im Original – nicht nur in den Varianten für Frauen oder Manager – oder Sun Tzu, Otto von Bismarck, Carl von Clausewitz oder Arthur Schopenhauers Dialektik. Die Prinzipien der Kampfkunst lassen sich gut in historischen Filmen, in alten Western, in Karatefilmen, in klassischen Dramen oder Opern nachvollziehen. Auch fernöstliche Philosophien bieten reichhaltiges Material. Zumindest zum Zwecke der Selbstverteidigung wird grundlegende Information über das Kämpfen vermittelt.

Um Kampftechniken auch am eigenen Körper zu erleben und dadurch rasch zu erfassen, eignet sich der Besuch eines Selbstverteidigungskurses. Wer Bezug zum Sport hat, kann die Informationen auch von dort beziehen. Sportarten, bei denen eine gegnerische Mannschaft „geschlagen" werden soll, verfügen über die ursprünglichen kämpferischen Begriffe für ihre Taktiken. Eine weitere Quelle kann das Schachspiel sein, welches nicht umsonst das „Spiel der Könige" genannt und von guten Strategen geschätzt wird.

Mit der Enttabuisierung des Machtthemas beginnt sich auch die allgemeine Einstellung zum Kämpfen allmählich zu verändern. Es gibt wieder Kursangebote wie Kampfrhetorik und harte Verhandlungstechniken. Auch Selbstverteidigungskurse und Durchsetzungstrainings für Frauen erhalten regen Zuspruch.

Männer kämpfen anders, Frauen auch

Männer und Frauen haben unterschiedliche Lektionen zu lernen, wenn sie sich die Kunst des Kämpfens aneignen wollen. Das herrschende Rollenverständnis unterscheidet immer noch klar zwischen den „Waffen einer Frau" und den Machtmitteln der Männer. Über die rollenspezifischen Unterschiede wurde hinreichend geforscht und berichtet. Ob es an der Biologie oder an der Sozialisation liegt, ist nicht entscheidend – Tatsache ist, dass die meisten Männer mit dem Kampf selbstverständlicher umgehen als Frauen. Was diese erst mühsam erlernen müssen, haben Männer seit Kindertagen „im kleinen Finger". Weil sie sich auch öfter auf Kampfschauplätzen aufhalten, bekommen sie zusätzlich noch Gelegenheit zur Perfektionierung ihrer Techniken. Frauen müssen sich erst überwinden und benötigen dann einige Zeit, bis sie das rechte Maß im Kampf finden.

Zur Kunst des Kämpfens zählt auch der gekonnte Umgang mit den Insignien der Macht. Sie signalisieren dem anderen gleich von Anfang an, wer hier was zu sagen hat. Nach wie vor zeigen Männer damit viel mehr Geschick als Frauen. Letztere messen den Statussymbolen meist weniger Bedeutung zu, ja sie lehnen es geradezu vehement ab, sich an diesen „lächerlichen" Spielen zu beteiligen. Bei der Beförderung kämpfen sie nicht um den Dienstwagen der nächsthöheren Klasse oder um die neue Einrichtung für ihr Büro und legen mehr Wert auf ihre inhaltliche Kompetenz. Manchmal verweigern sie aus moralischen Gründen die Teilnahme am Machtspiel von vornherein und geben sich der Illusion hin, dass sie diese Mechanismen allein durch ihre persönlichen Anstrengungen außer Kraft setzen könnten. Doch im heutigen Berufsleben wirkt sich diese Einstellung durchaus zu ihrem Nachteil aus, denn wenn eine Frau sich hier nicht durchsetzt, traut man ihr auch sonst nicht viel „Biss" zu. Wenn sie zum Meeting nicht mit dem Direktionsfahrzeug, sondern mit ihrem veralteten Mittelklassewagen vorfährt, hat sie sich in der informellen Rangordnung bereits hinten eingereiht.

Frauen scheitern im Berufsleben meist nicht an ihrer Kompetenz, sondern an ihrer Art zu kämpfen. Am Arbeitsplatz nehmen sie oft große Nachteile in Kauf und vermeiden Situationen, in denen sie kämpfen müssten, bloß um ein harmonisches Klima aufrechtzuerhalten. Sie kennen die Spielregeln der Macht nicht, die in ihrem Unternehmen gelten, und sie verstehen meist auch nicht, für welche Ziele es sich dort lohnt, zu kämpfen. Doch setzen viele sehr wohl zur Durchsetzung ihrer Ziele Machtinstrumente ein und sie kämpfen auch, wenngleich mit anderen Mitteln und aus anderen Gründen wie die Männer. Meist bleibt ihnen nur die Macht der Gefühle, mit der sie am Schauplatz Haus jahrhundertelang erfolgreich agieren konnten.

Die Doppelbelastung der berufstätigen Frau entsteht nicht nur durch die Menge der Arbeit, sondern vor allem dadurch, dass sie „mit zweierlei Maß messen" soll – mit einem für den Beruf und einem anderen für zu Hause. Hat eine Frau kleine Kinder und zugleich eine höhere Position, die sie zwingt, „an der Front" zu stehen, dann ist die Diskrepanz enorm. Viele schaffen ebendiesen täglichen „Spagat" zwischen zwei konträren Wertesystemen nicht und behalten lieber auch im Beruf ihr soziales Verhalten bei, anstatt die Kunst des Kämpfens zu erlernen. Dadurch bleiben ihnen höhere Positionen verwehrt. Allenfalls geben sie unterhalb der „gläsernen Decke" in Unternehmen die „Mamis" oder den erotischen Aufputz ab und sorgen dafür, dass sich alle wohl fühlen. Das erledigen sie natürlich modern und intelligent – in neue Machtsphären werden sie so jedoch nicht vordringen.

Frauen verwenden den Ausdruck von Gefühlen einerseits, um Nähe zu erzeugen und einen machtfreien Raum zu eröffnen, doch manchmal auch, um subtil und blitzschnell einen kleinen Kampf zu führen. Wenn jemand beginnt, sich zu entspannen, ist die Gelegenheit günstig, ihn mit Forderungen oder Vorwürfen zu überrumpeln. Frauen haben es zur Meisterschaft in verdeckten Kampftechniken gebracht, denn sie konnten bis in unsere Zeit ohne Mann nicht überleben, und deswegen war an einen offenen Kampf nicht zu denken. Dieses Verhalten hat ihnen zwar den Ruf der Unberechenbarkeit eingetragen und mitunter auch der Unzurechnungsfähigkeit, doch es ist immer noch wirksam.

Langsam könnten die Frauen von ihrem geschichtlich bedingten Partisanenkampf ablassen und sich offenen Auseinandersetzungen stellen, ohne gleich wie Jeanne d'Arc zu enden. Die äußeren Bedingungen sollten inzwischen so weit gediehen sein, dass eine solche Vorgangsweise möglich ist. Frauen brauchen jedoch ein größeres Bewusstsein darüber, dass sie ihre Gefühle als Waffe verwenden, wenn sie jemanden überfordern, ihm zu nahe treten, ihn bloßstellen oder zu viel voraussetzen. Sie müssten sich auch andere Kampftechniken aneignen und Kenntnis darüber erlangen, wie diese im Beruf zu verwenden sind. Dann könnten sie ihre Macht effektiv einsetzen und müssen einen Kampf nicht scheuen. Wenn Frauen neue Kompetenzen im Umgang mit der Macht erlangen, sollten sie nicht glauben, dass sie grundsätzlich gegen die Männer kämpfen müssten. Vielmehr brauchen sie eine prinzipielle Bereitschaft, sich gegen jeden und jede gleichermaßen durchzusetzen, die eine Umsetzung der eigenen Ziele behindern, auch auf die Gefahr hin, dass es in letzter Konsequenz zu einem Kampf kommt.

Damit aus dem „urwüchsigen" Kampf eine Kunst wird, brauchen auch Männer ein Extratraining. Viele müssten sich um mehr Augenmaß bemühen und könnten sich mithilfe der Macht-Kompetenz vom wilden Landsknecht zu einem Musketier mit der feinen Klinge entwickeln. Zusätzlich wäre mehr Übung im Wechsel zwischen Turnierplatz und Kemenate hilfreich. Wenn sie nicht als einsame Kämpfer sterben wollen, müssen sie lernen, die Rüstung auch manchmal abzulegen und das Festgewand anzuziehen.

Manche Männer, die den „sanften Weg" gewählt haben, leiden unter mangelndem Erfolg oder an Überbelastung. Sie müssten herausfinden, ob diese Zustände eine Folge von zu geringer Kampfbereitschaft sein könnten. Ihr Lernprogramm wäre dann dem der Frauen sehr ähnlich. Insgesamt sollten Männer die Kampftechniken der Frauen durchschauen können und in der Lage sein, angemessene Gegenstrategien zu entwickeln. Beide Geschlechter benötigen mehr Verständnis für die Probleme, die ein häufiger Wechsel zwischen Kampf und Kooperation für Frauen und Männer gleichermaßen erzeugt.

Krieg und Frieden

Viele Männer werden im Laufe ihres Berufslebens zu ausgezeichneten Kämpfern, weil das in unserer Kultur eine Grundvoraussetzung für den Erfolg zu sein scheint. Doch diese Entwicklung hat oft eine unangenehme Nebenwirkung. Wenn jemand ständig nur in Kategorien des Kämpfens denkt, wenn er ausschließlich damit beschäftigt ist, den Gegner zu durchschauen, zu besiegen und sich selbst zu schützen, dann vergisst er bald, was im Frieden gebraucht wird. Er kann sich nicht freuen, nicht entspannen, nicht spielen, nicht tanzen. Seine sexuellen Bedürfnisse werden immer exzessiver oder versiegen ganz. Er kann den offenen Austausch von Gefühlen nicht ertragen und befindet sich auch im Privatleben ständig auf der Hut, auf der Flucht oder in Angriffsposition.

Dieses Verhalten wurde noch bis vor Kurzem als typisch männlich beschrieben. Die Wissenschaft suchte nach biologischen Gründen dafür. In Partnertherapien und Selbsterfahrungsseminaren beklagten sich Frauen über Männer, die sich so verhielten. Seit einigen Jahren tritt dieses Problem auch bei Frauen auf, eher noch vereinzelt, doch mit steigender Tendenz. Frauen, die lange genug im Berufsleben stehen und eine Machtposition erreichen konnten, haben offenbar gelernt, ihr Wertesystem und ihr Verhalten dem Schauplatz anzupassen. Plötzlich können auch sie nicht mehr aufhören zu kämpfen, und es sind nun ihre Lebenspartner, die sich darüber beklagen.

Kämpfer/innen sollten ihre traumatischen Erlebnisse verarbeiten, die Gewohnheiten ablegen und ein angemessenes Verhalten für Friedenszeiten erlernen, denn viele Menschen bewegen sich täglich vom Privatleben auf den beruflichen Kampfplatz und wieder zurück. Dieser rasche Wechsel zwischen den „Welten" erzeugt einen wesentlich größeren psychischen Druck als bisher angenommen. Seit Beginn der Emanzipationsbewegung wird von den Männern erwartet, dass sie diesen Übergang von der Front ins Wohn-, Schlaf- oder Kinderzimmer problemlos schaffen. Wenn sie versagen, wird ihnen böse Absicht oder Unfähigkeit unterstellt. Erst seit Frauen auch mit diesen Anforderungen konfrontiert sind, beginnen sie zu verstehen, was einem „draußen" abverlangt wird. Es stellt sich heraus, dass auch ihnen das Pendeln zwischen „Krieg und Frieden" nicht leichtfällt.

Anregungen zur Selbstreflexion

❏ Anhand der folgenden Liste können Sie eine Inventur in Ihrer persönlichen „Waffenkammer" machen. Stellen Sie fest, über welche Techniken Sie verfügen und in welchen Bereichen Ihnen Techniken fehlen.

Kampftechniken

offene	passive	verdeckte
konfrontieren	schweigen	abwerten
beschimpfen	sich entziehen	kontrollieren
demütigen	mauern	moralisieren
einschüchtern	sich verweigern	vereinnahmen
aus der Reserve	sich zurückziehen	vernebeln
locken	sich tarnen	manipulieren

attackieren
abwehren
überrollen
anklagen
kritisieren
abdrängen
überraschen
schmähen
provozieren
aufhetzen
belagern
von der Versorgung
  abschneiden
zerstören
drohen
erschrecken
Angst machen
demonstrieren
zermürben
auflauern
aushungern
festnageln
sich verbeißen
sich anklammern
vor vollendete
  Tatsachen stellen
die Macht des
  Faktischen

stumm leiden
auflaufen lassen
nicht mitdenken
Fehler nicht
  korrigieren
blockieren
sich verstecken
sich verschanzen
ins Leere laufen
  lassen
ignorieren
sich tot stellen
abschalten
keine Miene
  verziehen
sich opfern

intrigieren
täuschen
einen Hinter-
  halt legen
spionieren
bestechen
in Sicherheit
  wiegen
vertrösten
beschwichtigen
beschönigen
abwimmeln
ablenken
Atmosphäre
  vergiften
verunsichern
unterwandern
jammern
aussaugen
eine Neben-
  front auf-
  machen
Unbeteiligte
  hineinziehen
Gerüchte aus-
  streuen
übertreiben
Vorwürfe machen
Schuldgefühle
  erzeugen

❏ Wenn Sie nun Ihre eigene Inventur gemacht haben, verwenden Sie diese Liste, um auch das Verhalten Ihrer Konfliktpartner zu analysieren. Vielleicht entdecken Sie dabei, in welchen

Situationen Sie regelmäßig den Kürzeren ziehen. Möglicherweise verhalten Sie sich immer noch fair, wenn andere bereits mit allen Mitteln kämpfen, wenn die „Schläge unter die Gürtellinie" gehen und die „Messer tief fliegen". Es könnte aber auch sein, dass Ihr Verhalten vom Gegenüber als Angriff interpretiert wird, obwohl Sie ein friedliches Angebot gemacht haben. Dann liegen vielleicht unterschiedliche Wertesysteme vor.

❏ Überlegen Sie, welche Verhaltensweisen Sie trainieren möchten, um ein besserer Kämpfer, eine bessere Kämpferin zu werden.

❏ Fassen Sie für sich zusammen, was einen unkontrollierten Kampf von einem kontrollierten Kampf unterscheidet.

3. Kapitel

Macht-Typen

„Es ist noch kein Meister vom Himmel gefallen" – dieses Sprichwort gilt auch für den Umgang mit der Macht. Menschen haben verschiedenartige Erfahrungen und Kenntnisse und sind daher mit mehr oder weniger Kompetenz ausgestattet. Unangenehme Erlebnisse mit der Macht und ihre negativen Auswirkungen entstehen viel öfter durch Inkompetenz als durch böse Absicht. Es ist wie in einem Slapstick: Jemand zerschlägt das ganze Porzellan, obwohl er nur seinen Mantel anziehen wollte.

Zusätzlich zum Grad der Kompetenz entscheidet die Einstellung über die Wirkung der Machtausübung: „Wenn zwei das Gleiche tun, ist es noch lange nicht dasselbe", sagt der Volksmund. Durch die zugrunde liegende Haltung hat ein und dieselbe Handlung mitunter völlig konträre Auswirkungen. Dementsprechend unterscheiden wir drei Typen, die sich durch einen grundverschiedenen Zugang zur Macht definieren: *Macht-Asketen,* *Macht-Menschen* und *Macht-Gestalter/innen.* Diese treten in zwei Kompetenzgraden in Erscheinung: der *Dilettant,* bei dem sich die Einstellung nur diffus zeigt und dessen Techniken oft ihm selbst am meisten schaden, der einer Fülle von Illusionen und Fehleinschätzungen unterliegt und der seine Techniken ungeschickt einsetzt; der *Profi*, der seine Ziele klar definiert hat, sie konsequent verfolgt und dafür auch ausreichende Ressourcen und Techniken zur Verfügung hat.

Die Zuordnung der eigenen Person zu diesen Typen gestaltet sich möglicherweise als schwierig. Kaum jemand wird sich selbst gerne als Dilettant bezeichnen, und nur wenige definieren sich selbst als Macht-Menschen. Hingegen findet man wahrscheinlich genügend andere Menschen, die man dort einordnen würde. Die Profis unter den Macht-Menschen sind allerdings oft schwer zu erkennen, weil sie sich ausgezeichnet tarnen können. Diese muss man an ihren Taten messen und nicht an ihren Aussagen. Zu welchem Typ man selbst gehört, erfährt man am besten durch ehrliche Selbstbeobachtung und durch die Analyse der Vorwürfe, die nahestehende Personen erheben.

Macht-Asketen

In dieser Gruppe befinden sich Menschen, die eine ablehnende Einstellung gegenüber der Macht einnehmen. Sie bewerten sie als negativ und schädlich, machen sie für das Unheil in der Welt verantwortlich und lehnen jede Teilnahme daran ab. Die Weiterentwicklung der Menschen und der Menschheit liegt ihnen am Herzen und sie arbeiten an der Errichtung einer besseren Gesellschaft. Ihr Wertesystem ist geprägt von ganzheitlicher Sicht, von Solidarität und Fürsorge, von „inneren" Qualitäten. Ein hoher ethischer Anspruch lässt sie stets nach der Legitimation ihres Handelns fragen, die Interpretation ist jedoch durch die Ablehnung der Macht gefiltert. Asketen verfügen dementsprechend auch über wenig Quellen der Macht. Sie hatten kaum Gelegenheit, sich Machtinstrumente bewusst anzueignen und damit Erfahrungen zu sammeln. Als Machtmittel setzen sie hauptsächlich ihre Gefühle und ihre Überzeugung ein, ohne dass es ihnen jedoch bewusst wäre. Auch benützen sie häufig die friedlichen

Formen der Macht wie Informieren und Verhandeln als verdeckte Kampftechniken. Spricht man sie darauf an, erntet man meist heftigen Protest. Es ist mitunter äußerst schwierig, mit Macht-Asketen ein ernsthaftes Gespräch über ihre Beteiligung an der Macht zu führen.

Bei den Dilettanten unter ihnen manifestiert sich die Vorstellung von einer besseren Welt eher in diffusen Wünschen und Sehnsüchten. Sie stellen möglichst keine Ansprüche und verhalten sich so unauffällig wie möglich. Von ihrer Umgebung werden sie als „lieb, nett und pflegeleicht" beschrieben. Auf offene Darstellung von Macht und erst recht auf Kampf reagieren sie nahezu allergisch. Psychologen bezeichnen extreme Ausprägungen dieser Eigenschaften allerdings als „Machtphobie", eine bereits krankhafte Angst vor Erscheinungsformen der Macht. Sie glauben ernsthaft an die Machtlosigkeit als Lebensform und machen aus dieser Einstellung ein Prinzip. Sie provozieren mit ihrer Überzeugung, weichen in Konfliktsituationen jedoch immer weiter zurück, bis sie sich selbst schädigen und das Gegenüber durch Schuldgefühle kapituliert. Insgesamt reagieren sie leicht emotionell, und ihr bevorzugtes Instrument ist das „Opfertum". Sie fühlen sich als die „Guten" und daher ständig im Recht, doch ihr Anspruch auf Toleranz endet bei den Mächtigen. Diese verachten sie und unterstellen ihnen prinzipiell böse Absichten.

Macht-Asketen, die es zum Profi gebracht haben, finden wir häufig in sozialen Institutionen, in Umweltorganisationen oder Friedensinitiativen. Sie verhalten sich oft militant, schrecken auch vor Gewalt nicht zurück, sind jedoch immer der Überzeugung, dass es die anderen sind, die über Macht verfügen, und dass deren Ansprüche ungerechtfertigt sind. Bei ihnen wird der paradoxe Effekt wirksam – sie werden ein Teil von dem, was sie eigentlich bekämpfen.

Macht-Menschen

Macht-Menschen zeigen ein positives, eher unkompliziertes Verhältnis zur Macht und nehmen sie als etwas Selbstverständliches wahr. Sie haben wenige Probleme bis Skrupel, ihre eigenen Interessen durchzusetzen und sich gegenüber fremden Ansprüchen abzugrenzen. Sie denken in Zielen und in Ergebnissen, sind lösungsorientiert und praktisch veranlagt. Ihre ethischen Überlegungen beziehen sich in erster Linie auf die Umsetzung ihrer eigenen Interessen, allgemeine Aspekte oder weitere Auswirkungen ihres Handelns blenden sie aus. Dabei kann es durchaus öfter vorkommen, dass sie gute Gründe für einen Kampf finden. Macht-Menschen verwenden viel Zeit und Kraft, um ihr Repertoire an Methoden zu erweitern und Techniken zu trainieren, und so sind sie mit Sportlern zu vergleichen, die es in ihrer Disziplin zu etwas bringen wollen. Sie legen großen Wert darauf, ihre Emotionen im Griff zu haben und sich keine Blöße zu geben. Dadurch wirken sie oft undurchschaubar und verschlossen. Angesprochen auf ihr Verhältnis zur Macht, spielen auch sie ihr Potenzial eher herunter. Dieses ist ihnen einerseits aufgrund der allgemeinen Tabuisierung häufig nicht bewusst, und andererseits ist es auch Teil ihrer Strategie, sich nicht in die Karten blicken zu lassen.

Dilettanten unter den Macht-Menschen wirken oft ähnlich tollpatschig wie kleine Tiger. Man kann schon die Reißzähne, die Krallen und auch die Tarnfarbe des Felles erkennen, doch die Aktionen erfolgen unkoordiniert und nicht effektiv. Sie sind von der Macht ganz allgemein fasziniert und bewundern mächtige Menschen. Sie glauben, dass alles machbar ist, wenn man nur will und genügend Einsatz bringt. Dadurch haben sie zu viele Ziele auf einmal auf dem Programm und können keine Prioritäten setzen. Der eigene Vorteil ist ihnen wichtig, was häufig nur schlecht mit einem ethischen Argument kaschiert wird. Sie sind leicht zu durchschauen und ihre Gefühle gehen oft mit ihnen durch. Auch der Einsatz der Machtmittel bedarf noch einiger Präzision und Übung. Dilettanten unter den Macht-Menschen halten sich für Profis, sind es aber nicht. Ihr Verhalten ist leicht durchschaubar, und sie geben schlechte Verlierer ab – hart im Austeilen und schlecht im Einstecken. Sie kontrollieren zwar ihre Emotionen, werden jedoch im Untergrund von ihnen getrieben. Sie können nichts leichtnehmen, sind nachtragend und sehr auf ihr Image bedacht. Da sie den Kampf durchaus suchen, provozieren sie gerne, legen sich aus uneinsichtigen Gründen quer oder blockieren Abläufe, nur um Gelegenheit zur Auseinandersetzung zu haben. Ihre Seilschaften sind meist schlecht abgesichert, und so werden sie oft selbst Opfer von Machtkämpfen.

Macht-Menschen, die es zum Profi gebracht haben, finden wir an der Spitze der Gesellschaft: in der Wirtschaft, in der Politik, im Militär, im Klerus, in der öffentlichen Verwaltung, im Kunstmanagement und selbst in den Leitungsfunktionen sozialer Institutionen. Natürlich gehören zu diesem Typus auch die Diktatoren und Tyrannen der Weltgeschichte. Manche der Macht-Menschen – historisch bedingt eher Frauen – suchen sich ein privates Umfeld. Sie dominieren Familienclans oder Vereine und geben dort eine kleine Despotin oder eine kleine Kaiserin ab. Ob im kleinen oder großen Rahmen, Profis können ihre Ziele klar definieren und Prioritäten setzen. Sie verfügen über ein großes Repertoire an Machtinstrumenten, sind Experten im strategischen Verhalten und in der Durchführung gefinkelter Schachzüge. Dadurch schaffen sie oft erstaunliche Leistungen und Ergebnisse. Meist gelingt es ihnen hervorragend, für ihre Vorhaben Gefühle oder Moral anderer Menschen zu aktivieren. Verbunden mit einem großen Charisma können sie ganze Nationen in einen Taumel versetzen, Untergrundbewegungen zusammenhalten oder ein Unternehmen aus dem Nichts aufbauen.

Macht-Gestalter/innen

Sowohl Macht-Asketen als auch Macht-Menschen stehen am Höhepunkt ihrer Entwicklung zugleich am Ende ihres Weges, denn dieser führt in letzter Konsequenz zu Zerstörung oder Selbstzerstörung. Ein Teil der Macht-Asketen erkrankt mit der Zeit psychisch oder körperlich, denn die dauernde Vermeidung von Auseinandersetzungen erzeugt jede Menge Stress. Andere werden durch den paradoxen Effekt unbewusst und unbemerkt selbst Teil eines Gewaltsystems und fügen sich oder anderen damit Schaden zu. Macht-Menschen hingegen sind gefährdet, mit zunehmendem Erfolg das Augenmaß zu verlieren. Sie werden fanatisch oder süchtig nach der Macht. Mit der Zeit bringen sie sich selbst und andere in immer größere Gefahren, bis sie daran scheitern.

Einige spüren frühzeitig, wenn es auf ihrem Weg gefährlich wird. Da sie aber kaum andere Denkmodelle und Vorbilder kennen, wechseln sie dann einfach die Seite. Mancher Macht-Mensch sucht nach der Notbremse im Machttaumel und gerät häufig ins andere Extrem. Er wird zum Macht-Asketen und verweigert die Ausübung von Macht gänzlich. Dies ist oft auch die Motivation sogenannter Aussteiger oder Umsteiger. Wenn Macht-Asketen genug vom Opferdasein und vom Nachgeben haben, ergreifen sie manchmal die nächstbeste Gelegenheit zur Machtausübung. Gar nicht selten sind sie dann besonders harte Chefs oder grausame Machthaber.

Die Tragik beider Wege liegt in ihrer Ausweglosigkeit. Wir bekommen diese in den großen Werken der Weltliteratur vorgeführt und können sie sogar manchmal im Freundeskreis nachvollziehen: Nach einer kurzen Erleichterung müssen die „Überläufer" erkennen, dass sie wieder in einer Sackgasse gelandet sind. Die darauf folgende Orientierungslosigkeit wird in der Psychotherapie als Sinnkrise bezeichnet, oft genug ist sie jedoch eine Krise im Umgang mit der Macht. Einige Menschen können eine solche Krise als Chance nutzen und nach dem Schwanken zwischen den Extremen einen Ausweg aus dem „Entweder-oder" finden. Anstatt die Macht rundweg abzulehnen oder sich ihr mit Haut und Haar zu verschreiben, entdecken sie einen dritten Weg.

Gestalter/innen der Macht sind in der Lage, ihr Verhalten an die jeweilige Situation anzupassen. Sie weisen ein realistisches Verhältnis zur Macht auf, weil sie erkannt haben, dass Macht das adäquate Mittel zur Lösung von Interessenkonflikten ist. Da sie auch die friedlichen Formen der Macht beherrschen, können sie die Kampfsituationen gering halten. Sie lehnen Kampf und Gewalt zwar grundsätzlich ab, sind sich jedoch dessen bewusst, dass es manchmal unvermeidlich ist, sie einzusetzen. Deswegen besitzen sie ein großes Repertoire an Informations- und Verhandlungstechniken, für den Notfall aber auch Kampftechniken. Macht-Gestalter/innen haben gelernt, mit ihren Emotionen selbstreflexiv umzugehen. Sie wissen, dass man diese nur im geschützten Rahmen ausleben sollte, dass man sie jedoch in Konfliktsituationen als Motor und als Kompass nutzen kann. Dadurch ist es ihnen möglich, ein ausgewogenes Verhältnis zwischen strategischem und glaubwürdigem Verhalten herzustellen. Sie sind in der Lage, die Eskalation der Machtausübung durch ihre maßvolle Strategie zu kontrollieren.

Auch Macht-Gestalter/innen können Dilettanten sein. Manche waren bereits im Lager der Macht-Asketen oder der Macht-Menschen und haben vielleicht eine Phase der Orientierungslosigkeit hinter sich. Der Wechsel zum Macht-Gestalter wird nicht selten durch einen „Quantensprung" im Bewusstsein ausgelöst, nämlich durch die plötzliche Erkenntnis, dass es so nicht weitergeht. Ab diesem Moment beginnt ein neuer Lernprozess, der von den Erfahrungen, die jemand mit seinem früheren Machtverhalten gemacht hat, abhängig ist.

Ehemalige Macht-Asketen bedürfen eines umfassenden Trainings in strategischem Verhalten und der Erweiterung ihrer

Kampftechniken. Sie müssen lernen, ihre Sehnsüchte in Ziele umzuwandeln und Prioritäten zu setzen. Dazu ist die Einsicht notwendig, dass man nicht von allen Menschen geliebt werden kann und dass man auch selbst nicht immer lieb und nett sein muss und kann. Weiters brauchen sie die Erfahrung, dass auch nach einem Kampf nachhaltiger Frieden möglich ist.

Einstige Macht-Menschen hingegen benötigen Sensibilisierung für feinere Töne, Schulung in friedlichen Machtformen sowie eine „Desensibilisierung" ihrer Kampfbereitschaft. Sie müssen lernen, ihre Verteidigungs- oder Angriffshaltung auch manchmal aufzugeben und dadurch verletzbarer zu werden, ohne dabei ihren Schutz völlig zu verlieren. Obwohl sie bestens trainiert sind, niemals ihre Ziele aufzugeben, sollten sie diese als Macht-Gestalter/innen flexibel und relativ halten. Dadurch bekommen andere Menschen mehr Möglichkeiten, mit ihnen in Kontakt zu treten. Personen, die sich in beiden Gruppen aufgehalten haben, bringen schon ein hohes Ausmaß an Techniken und Erkenntnissen mit. Diese müssen sie nun unter neuen Gesichtspunkten einsetzen und damit ihre Erfahrungen sammeln.

Macht-Gestalter/innen machen auch eine Phase als Dilettanten durch, wenn sie meinen, bereits besser zu sein, als sie tatsächlich sind. Die Befindlichkeit schwankt zwischen Überschätzung und Minderwertigkeitsgefühlen, die Konfliktdichte ist hoch und die Lösungskompetenz noch gering. Unsicher fallen sie oft in ihre alten Verhaltensmuster zurück. Zu Beginn dieser Entwicklung stehen häufig quälende Ängste: ob das Leben nun langweilig würde, ob man etwas versäume oder ob dieses Verhalten in der heutigen Zeit angemessen wäre. Doch der rasch spürbare Zuwachs an Lebensqualität liefert ausreichende Motivation zum Weitermachen. Nach einiger Zeit der Übung können sie es zur Meisterschaft im Umgang mit der Macht bringen.

Profis unter den Macht-Gestaltern haben es geschafft, dieses überaus komplexe und widersprüchliche Thema in ihr Leben zu integrieren. Dabei versuchen sie nicht, einen Idealzustand der

Unverwundbarkeit und des garantierten Erfolges, sondern einen „Realzustand" zu erreichen. Erfolg und Misserfolg tauchen im unregelmäßigen Wechsel auf, beide verlieren jedoch ihre Dramatik. Das Bewusstsein der Vergänglichkeit nimmt dem Erfolg seinen Rausch und dem Misserfolg die Spitze. Profis setzen die Mechanismen der Macht angemessen und situationsbezogen ein, ohne ihre eigenen Werte zu verraten. Macht-Asketen und auch Macht-Menschen werden irgendwann an ihre Grenzen stoßen. Hingegen können Macht-Gestalter/innen ihre Kompetenz laufend weiterentwickeln. Dieses Konzept ist theoretisch unbegrenzt erweiterbar, weil man dabei immer situativ vorgehen kann und sich nicht über längere Zeit in Extremen aufhalten muss. Macht-Gestalter/innen finden im Umgang mit der Macht das rechte Maß und gewinnen durch gezieltes Training stetig noch an Qualität dazu.

Anregungen zur Selbstreflexion und Trainingsziele

❑ Forschen Sie in Ihrer persönlichen Lebensgeschichte, wie sich Ihre Einstellung zur Macht entwickelt hat. Gehören Sie eher zu den Macht-Asketen oder zu den Macht-Menschen?

❑ Auf welcher Kompetenzstufe bewegt sich Ihr Umgang mit der Macht? Zählen Sie sich eher zu den Dilettanten oder zu den Profis?

❑ Holen Sie zu diesen beiden Fragen auch die Meinung einer anderen Person ein und vergleichen Sie Selbsteinschätzung und Fremdeinschätzung.

❑ Welche Ihrer Verhaltensweisen entsprechen bereits den Prinzipien des Macht-Gestalters?

❑ Macht-Gestalter/innen können ihre Kompetenz laufend steigern. Stellen Sie fest, in welchen Bereichen Sie mit Ihrem Können zufrieden sind und in welchen Sie sich weiterentwickeln möchten.

Macht-Gestalter/innen sind Menschen, die mit der Macht kompetent umgehen, sie

- haben eine klare Zielvorstellung und setzen Prioritäten
- beachten mögliche Widerstände
- überprüfen eigene und fremde Motivation
- erweitern ständig ihre Machtinstrumente (Quellen)
- fragen nach der äußeren und inneren Legitimation ihrer Ansprüche
- klären die Grenze zum Machtmissbrauch ab
- verfügen über ausreichende Ressourcen
- sind sich der Schauplätze und ihrer Spielregeln bewusst
- erkennen unterschiedliche Wertesysteme
- können ihre eigenen Emotionen beherrschen und sinnvoll nutzen
- bewerten das Risiko realistisch
- sichern ihre Strategie durch einen Plan B und ein „worst case scenario" ab
- betreiben gezielte Informationspolitik
- beherrschen konstruktive Verhandlungstechniken
- entscheiden rechtzeitig über einen geordneten Rückzug
- besitzen für den Ernstfall eine gut bestückte „Waffenkammer"
- vermeiden unkontrollierte Kämpfe
- setzen die Instrumente im kontrollierten Kampf sparsam ein
- bemühen sich, eine Eskalation zu verhindern
- beenden einen Konflikt nie mit einem Sieg, sondern mit der Verhandlung
- setzen Schritte zu einer aufrichtigen Versöhnung und beherrschen die Techniken dafür
- können ehrlich verzeihen
- reduzieren Gewalt durch flexible Ziele und Verteidigungsbereitschaft
- zeichnen sich durch Ausdauer, Geduld, Mut und Kreativität aus
- bewegen sich in machtfreien Räumen authentisch und offen

Entwickeln Sie nun Ihr persönliches Trainingsprogramm zur systematischen Umsetzung Ihrer Pläne und werden Sie ein kompetenter Macht-Gestalter, eine kompetente Macht-Gestalterin. Dann setzen Sie sich gegen Übergriffe zur Wehr und erreichen Ihre Ziele, ohne Ihre Werte zu verraten.

Serviceteil

Weitere Publikationen, Seminare und Beratungsangebote von Christine Bauer-Jelinek

Bücher:
Die geheimen Spielregeln der Macht – und die Illusionen der Gutmenschen. Ecowin, Salzburg 2007
Business-Krieger. Überleben in Zeiten der Globalisierung. Wien/München 2003

Skripten:
Ergebnistyp und Beziehungstyp – haben die Geschlechterrollen ausgedient?
Der Ausweg aus der Entweder-oder-Falle – Neue Denkstrategien.

E-learning-book:
Strategie.Macht.Erfolg – eine multimediale Trainingswelt mit Videos von Vorträgen und Rollensimulationen, Hörbuch, Übungen und Checklisten. Wien 2009 www.bauer-jelinek.create.at

Bestellungen im Internet-Shop unter www.macht-kompetenz.at

Lehrgänge für Macht-Kompetenz
Führen – Verhandeln – Konfliktelösen
Ausbildung zum Macht-Analytiker©

Beratungsangebote:
cbj-Macht-Biografie©
Erforschung der individuellen Machtstrategien und ihrer Herkunft
cbj-Macht-Analyse©
Analyse von aktuellen Interessenkonflikten im Berufs- und Privatleben

Termine, Informationen und Anmeldung: www.macht-kompetenz.at

DCC-Dresscode-Profil©
DCC-Business-Bluse©

Bestellungen im Internetshop unter www.dresscode-company.com

Weiterführende Literatur

Theoretische Grundlagen

Arendt, Hannah: Elemente und Ursprünge totaler Herrschaft. München 2008

Arendt, Hannah: Über die Revolution. München 2000

Bahr, Egon: Deutsche Interessen. Streitschrift zu Macht, Sicherheits- und Außenpolitik. München 2000

Bauer, Leonhard / Matis, Herbert: Geburt der Neuzeit – vom Feudalsystem zur Marktwirtschaft. München 1987

Beck, Ulrich: Risikogesellschaft. Auf dem Weg in eine andere Moderne. Frankfurt am Main 2007

Becker, Udo: Lexikon der Symbole. Freiburg im Breisgau 2008

Becker-Schmidt, Regina / Knapp, Gudrun-Axeli: Feministische Theorien zur Einführung. Dresden 2007

Beigewum (Hrsg.): Mythen der Ökonomie. Anleitung zur geistigen Selbstverteidigung in Wirtschaftsfragen. Hamburg 2005

Bischof-Köhler, Doris: Von Natur aus anders. Die Psychologie der Geschlechtsunterschiede. Stuttgart 2006

Bourdieu, Pierre: Die verborgenen Mechanismen der Macht. Hamburg 1992

Bourdieu, Pierre: Rede und Antwort. Frankfurt am Main 1992

Canetti, Elias: Masse und Macht. Frankfurt am Main 2006

Chomsky, Noam: Eine Anatomie der Macht. Der Chomsky-Reader. Hamburg 2004

Clavell, James (Hrsg.): Sunzi. Die Kunst des Krieges. München 2001

Dux, Günter: Die Spur der Macht im Verhältnis der Geschlechter. Frankfurt am Main 1997

Ernst, Heiko: Psychotrends – Das Ich im 21. Jahrhundert. München 1998

Felber, Christian: Neue Werte für die Wirtschaft. Eine Alternative zu Kommunismus und Kapitalismus. Wien 2008

Foucault, Michel: Analytik der Macht. Frankfurt am Main 2005

Foucault, Michel: Botschaften der Macht. München 1999

Gerhardt, Volker: Partizipation: Das Prinzip der Politik. München 2007

Goleman, Daniel: Emotionale Intelligenz. München 1997

Greene, Robert: Power. Die 48 Gesetze der Macht. München 1999

Grimm, Jacob & Wilhelm: Deutsches Wörterbuch, 33 Bde. München 1999

Gruner, Paul-Hermann/Kuhla, Eckhard (Hrsg.): Befreiungsbewegung für Männer. Auf dem Weg zur Geschlechterdemokratie. Essays und Analysen. Gießen 2009

Guggenbühl, Adolf/Kunz, Martin: Das Schreckliche. Hamburg 1990

Hemel, Ulrich: Wert und Werte. Ethik für Manager – Ein Leitfaden für die Praxis. München 2007

Hilgemann, Werner: dtv Weltgeschichte. Von den Anfängen bis zur Gegenwart. München 2006

Hite, Shere: Hite-Report. Erotik und Sexualität in der Familie. München 1994

Huntington, Samuel P./Fließbach, Holger: Kampf der Kulturen: Die Neugestaltung der Weltpolitik im 21. Jahrhundert. München 2006

Joas, Hans: Die Entstehung der Werte. Frankfurt am Main 2006

Kohr, Leopold: Die Lehre vom rechten Maß. Salzburg 2006

Kohr, Leopold: Das Ende der Großen. Zurück zum menschlichen Maß. Salzburg 2002

Löw, Raimund (Hrsg.). Die Fantasie und die Macht. 1968 und danach. Wien 2007

Luhmann, Niklas: Die Politik der Gesellschaft. Frankfurt am Main 2008

Luhmann, Niklas: Legitimation durch Verfahren. Frankfurt am Main 2008

Luhmann, Niklas: Macht. Stuttgart 2003

Machiavelli, Niccolò: Der Fürst. Frankfurt am Main 2007

Machiavelli, Niccolò: Discorsi. Staat und Politik. Frankfurt am Main 2000

Mandel, Wiebke: Der Wertewandel in der Arbeitswelt: Ursachen, Theorien und Folgen. Saarbrücken 2007

Marx, Karl/Engels, Friedrich: Das Kommunistische Manifest. Hamburg 2005

Mohn, Liz et al. (Hrsg.): Werte: Was die Gesellschaft zusammenhält. Gütersloh 2007

Nietzsche, Friedrich: Der Wille zur Macht. Paderborn 2007

Nippel, Wilfried: Virtuosen der Macht. Herrschaft und Charisma von Perikles bis Mao. München 2000

Ogger, Günter: Macher im Machtrausch. München 2001

Rödder, Andreas/Elz, Wolfgang (Hrsg.): Alte Werte – Neue Werte. Schlaglichter des Wertewandels. Göttingen 2008

Rousseau, Jean-Jacques: Vom Gesellschaftsvertrag oder Prinzipien des Staatsrechts. Wiesbaden 2008

Russel, Bertrand: Macht. Zürich 2008

Safranski, Rüdiger: Das Böse oder Das Drama der Freiheit. Frankfurt am Main 1999

Schmid, Wilhelm: Philosophie der Lebenskunst: Eine Grundlegung. Frankfurt am Main 2007

Schmölzer, Hilde: Der Krieg ist männlich – ist der Friede weiblich? Wien 1996

Schulz von Thun, Friedemann: Miteinander reden, 3 Bde. Reinbek 2005

Schwarz, Hans-Peter: Die gezähmten Deutschen. Von der Machtbesessenheit zur Machtvergessenheit. München 1985

Sennett, Richard: Der flexible Mensch. Die Kultur des neuen Kapitalismus. Berlin 2006

Stephan, Cora: Das Handwerk des Krieges. Berlin 1998

Stiegnitz, Peter. Das fünfte Gebot. Eine Geschichte der Gewalt. Wien 2005

Von Clausewitz, Carl: Vom Kriege. Frankfurt am Main 2005

Watzlawick, Paul: Menschliche Kommunikation: Formen, Störungen, Paradoxien. Bern 2007

Watzlawick, Paul: Vom Schlechten des Guten oder Hekates Lösungen. München 2008

Weber, Max: Wirtschaft und Gesellschaft. Grundriss der verstehenden Soziologie. Frankfurt am Main 2005

Wirth, Hans-Jürgen: Narzissmus und Macht. Zur Psychoanalyse seelischer Störungen in der Politik. Gießen 2002

Männer und Frauen

Ankowitsch, Christian: Wir Jungs: Ein Handbuch für Väter, Söhne und andere Abenteurer. München 2008

Benard, Cheryl/Schlaffer, Edit: Glücklich trotz Mann. Partnerschaft und ihre Mythen. Frankfurt am Main 2006

Benard, Cheryl/Schlaffer, Edit: Supermacht Mann. Oder das Ende der Vernunft. Wien 2003

Bierach, Barbara: Warum es kaum Frauen im Management gibt: Über das dämliche Geschlecht. München 2007

Bly, Robert: Eisenhans. Ein Buch über Männer. Reinbek 2005

Brandstaller, Traudl: Die neue Macht der Frauen. Sieg der Emanzipation oder Krise der männlichen Eliten? Wien 2007

Ehrhardt, Ute: Gute Mädchen kommen in den Himmel, böse überall hin: Und jeden Tag ein bisschen böser. Frankfurt am Main 2005

Evans, Gail: Typisch Mann? Typisch Frau? Erfolg durch Taktik im Beruf. Frankfurt am Main 2003

Evatt, Cris: Männer sind vom Mars, Frauen von der Venus. München 2008

Faludi, Susan: Backlash. Die Männer schlagen zurück. Reinbek 1995

Friedan, Betty: Der Weiblichkeitswahn oder die Selbstbefreiung der Frau. Ein Emanzipationskonzept. Reinbek 2002

Gaschke, Susanne: Die Emanzipationsfalle. Karriere oder Kinder? München 2006

Goldberg, Herb: Der blockierte Mann. München 1992

Gray, John: Männer sind anders. Frauen auch. München 2007

Greer, Germaine: Die ganze Frau. München 2000

Grün, Anselm: Kämpfen und lieben: Wie Männer zu sich selbst finden. Münsterschwarzach 2003

Guggenbühl, Allan: Männer Mythen Mächte. Zürich 1998

Haaf, Meredith et al.: Wir Alphamädchen: Warum Feminismus das Leben schöner macht. Hamburg 2008

Hamann, Sibylle/Linsinger, Eva: Weißbuch Frauen/Schwarzbuch Männer: Warum wir einen neuen Geschlechtervertrag brauchen. Wien 2008

Herman, Eva: Das Eva-Prinzip. Für eine neue Weiblichkeit. München 2006

Hollstein, Walter: Geschlechterdemokratie. Männer und Frauen: Besser miteinander leben. Wiesbaden 2004

Hollstein, Walter: Was vom Manne übrig blieb: Krise und Zukunft des starken Geschlechts. Berlin 2008

Illner, Maybrit (Hrsg.): Frauen an der Macht. 21 einflussreiche Frauen berichten aus der Wirklichkeit. Kreuzlingen, München 2005

Kleinhenz, Susanne: Das 21. Jahrhundert ist weiblich: Über die Freiheit, die Frau zu sein, die Sie sein wollen. Offenbach 2007

Kreissl, Reinhard: Die ewige Zweite. München 2000

Lehner, Gerda: Die Entstehung des feministischen Bewusstseins. Vom Mittelalter bis zur ersten Frauenbewegung. München 1998

Mitscherlich, Margarete: Die Zukunft ist weiblich. München 1990

Norwood, Robin: Wenn Frauen zu sehr lieben. Reinbek 2006

Rubin, Harriet: Machiavelli für Frauen. Frankfurt am Main 1998

Ruß, Sonja: Frauenfakten. Wien 2004

Sangi, Mandana/Sangi, Soheyla: So angeln Sie sich einen Millionär. Frankfurt am Main 2003

Schäfer, Bodo/Ferstl, Carola: Geld tut Frauen richtig gut. München 2002

Schwarz, Gerhard: Die „Heilige Ordnung" der Männer. Wiesbaden 2007

Schwarzer, Alice: Die Antwort. Köln 2007

Storch, Maja: Die Sehnsucht der starken Frauen nach dem starken Mann. München 2008

Stuiber, Petra: Österreich in Männerhand? Ein Land als Herrenclub – und wie Frauen es trotzdem schaffen. Wien 2004

Twrznik, Manfred. Aufbruch zum Mann. Stark, lustvoll, weise in Beruf, Alltag und Beziehung. München 2002

Van Creveld, Martin: Frauen und Krieg. München 2001

Van Creveld, Martin: Das bevorzugte Geschlecht. München 2003
Von Braun, Christina: Nicht Ich. Logik, Lüge, Libido. Berlin 2009
Von Friesen, Astrid: Schuld sind immer die anderen! Die Nachwehen des Femi-
    nismus: frustrierte Frauen und schweigende Männer. Hamburg 2006
Weininger, Otto: Geschlecht und Charakter. Sonderausgabe: Eine prinzipielle
    Untersuchung. Berlin 1980
Zulehner, Paul M./Volz, Rainer: Männer im Aufbruch. Ostfildern 2001

Ratgeber für die Praxis

Asserate, Asfa-Wossen: Manieren. München 2005
Beck, Gloria: Verbotene Rhetorik. Die Kunst der skrupellosen Manipulation.
    München 2007
Berckhan, Barbara: Die etwas gelassenere Art, sich durchzusetzen. Ein Selbstbe-
    hauptungstraining für Frauen. München 2008
Berckhan, Barbara: Die etwas intelligentere Art, sich gegen dumme Sprüche zu
    wehren. München 2008
Boberski, Heiner et al.: Mächtig Männlich Mysteriös. Geheimbünde in Öster-
    reich. Salzburg 2005
Carnegie, Dale: Wie man Freunde gewinnt. Frankfurt am Main 2006
Daborn-Doering, Christine: Kam, sah und siegte: Klasse ist lernbar. Zürich 2006
Echter, Dorothee: Rituale im Management: Strategisches Stimmungsmanage-
    ment für die Business Elite. München 2003
Edelman, Joel/Crain, Mary Beth: Das Tao der Verhandlungskunst. München 2001
Erll, Astrid/Gymnich, Marion: Interkulturelle Kompetenzen: Erfolgreich kom-
    munizieren zwischen den Kulturen. Stuttgart 2007
Fensterheim, Herbert: Sag nicht Ja, wenn Du Nein sagen willst: Wie man seine
    Persönlichkeit wahrt und sich durchsetzt. München 2006
Fisher, Roger et al.: Das Harvard-Konzept: Sachgerecht verhandeln – erfolgreich
    verhandeln. Frankfurt am Main 2000
Fauliot, Pascal/Zwecker, Loel: Die Kunst zu siegen, ohne zu kämpfen: Geheim-
    nisse und Geschichten über die Kampfkünste. München 2007
Friedrich, Gerhard/Ditz, Katharina: Wer nicht auffällt, fällt durch. Wien 2000
Frohloff, Stefan: Gesicht zeigen. Handbuch für Zivilcourage. Frankfurt am Main
    2001
Goetz, Alexander: Schach! Dem Manager. Strategie und Taktik des königlichen
    Spiels für das moderne Management. Wien 2004
Gordon, Thomas: Managerkonferenz. Effektives Führungstraining. München
    2006

Hierhold, Emil/Laminger, Erich: Gewinnend argumentieren. Konsequent, erfolgreich, zielsicher. Wien, Frankfurt am Main 2002

Knigge, Moritz Freiherr/Cornelsen, Claudia: Zeichen der Macht: Die geheime Sprache der Statussymbole. Berlin 2006

Koelbl, Herlinde: Spuren der Macht: Die Verwandlung des Menschen durch das Amt. München 2000

Kolmer, Lothar: Die Kunst der Manipulation. Salzburg 2006

Kolodej, Christa: Mobbing. Psychoterror am Arbeitsplatz und seine Bewältigung. Wien 2005

Kraus, Michael (Hrsg.): Die Freimaurer. Salzburg 2007

Krogerus, Mikael/Tschäppele, Roman: 50 Erfolgsmodelle. Kleines Handbuch für strategische Entscheidungen. Zürich 2008

Lackner, Tatjana/Triebe, Nika: Be Boss: 33 Stolpersteine beim Führen und Kommunizieren. Wien 2008

Lackner, Tatjana et al.: Die Schule des Sprechens. Wien 2001

Langguth, Gerd: Kohl, Schröder, Merkel: Machtmenschen. München 2009

Lao Tse: Das Tao der Stärke. Meditation für Manager. Seedorf 2007

Lauster, Peter: Lassen Sie sich nichts gefallen. Die Kunst, sich durchzusetzen. Berlin 2004

Lay, Rupert: Dialektik für Manager. Methoden des erfolgreichen Angriffs und der Abwehr. Seedorf 2003

Lay, Rupert: Führen durch das Wort: Motivation, Kommunikation, Praktische Führungsdialektik. Berlin 2006

Lehner, Johannes/Ötsch, Walter. Jenseits der Hierarchie. Status im beruflichen Alltag aktiv gestalten. Weinheim 2006

Mayer, Robert: Der Verhandlungskünstler. Wien 2002

Mayrhofer, Wolfgang et al.: Macht? Erfolg? Reich? Glücklich? Einflussfaktoren auf die Karriere. Wien 2005

Miller, Alice: Das Drama des begabten Kindes und die Suche nach dem wahren Selbst: Eine Um- und Fortschreibung. Frankfurt am Main 2008

Molcho, Samy: Alles über Körpersprache: Sich selbst und andere besser verstehen. München 2007

Morschitzky, Hans/Sator, Sigrid: Die zehn Gesichter der Angst: Ein Selbsthilfe-Programm in 7 Schritten. Düsseldorf, Zürich 2002

Noll, Peter/Bachmann, Hans Rudolf: Der kleine Machiavelli. München 2003

Nöllke, Matthias: Machtspiele: Die Kunst, sich durchzusetzen. München 2007

Öttl, Christine/Härter, Gitte: Selbst-Marketing: Zeigen Sie, was in Ihnen steckt. München 2008

Parlow, Georg: Zart besaitet: Selbstverständnis, Selbstachtung und Selbsthilfe für Hochempfindliche. Wien 2006

Pöhm, Matthias: Nicht auf den Mund gefallen. So werden Sie schlagfertig und erfolgreicher. Landsberg am Lech 2000

Raupach, Andreas: Erfolgreich Telefonieren: Telefonate professionell führen – Telefonstrategien und Selbstmanagement. Berlin 2008

Richter, Horst-Eberhard: Umgang mit Angst. Gießen 2008

Riemann, Fritz: Grundformen der Angst. München 2006

Rosenberg, Marshall B.: Gewaltfreie Kommunikation. Eine Sprache des Lebens. Paderborn 2007

Ruede-Wissmann, Wolf: Satanische Verhandlungskunst und wie man sich dagegen wehrt. München 2002

Schäfer-Elmayer, Thomas: Der Business Elmayer: So verbinden Sie Karriere mit Stil. Salzburg 2007

Schenk, Cornelia: Das kleine Buch von der Versöhnung. Hannover 2008

Schopenhauer, Arthur: Die Kunst, recht zu behalten. Frankfurt am Main 2006

Schranner, Matthias: Verhandeln im Grenzbereich. Strategien und Taktiken fur schwierige Fälle. München 2001

Schröder, Jörg-Peter: Wege aus dem Burnout: Möglichkeiten der nachhaltigen Veränderung. Berlin 2008

Seidl, Conrad/Beutelmeyer, Werner: Die Marke ICH. So entwickeln Sie Ihre persönliche Erfolgsstrategie. München 2006

Shipley, David/Schwalbe, Will: Erst denken, dann senden! Die peinlichsten E-Mail-Pannen und wie man sie vermeidet. München 2008

Stiebel, David: Die Taktik des Streitens. Konfliktstrategie statt Harmoniesucht. Frankfurt am Main 1999

Sutton, Robert I.: Der Arschloch-Faktor: Vom geschickten Umgang mit Aufschneidern, Intriganten und Despoten in Unternehmen. München 2008

Urel, Elif: Die Kriegskunst der Amazonen: Wie Sie im Beruf zur Siegerin werden. Frankfurt am Main 2006

Von Matt, Peter: Die Intrige. Theorie und Praxis der Hinterlist. München, Wien 2008

Von Senger, Harro: Die Kunst der List. Strategeme durchschauen und anwenden. München 2007

Weidner, Jens: Die Peperoni-Strategie: So setzen Sie Ihre natürliche Aggression konstruktiv ein. Frankfurt am Main 2007

Wetterer, Eva-Christiane: Die Kunst der richtigen Entscheidung: 40 Methoden, die funktionieren. Hamburg 2005

Zittlau, Jörg: Gandhi für Manager. Der andere Weg zum Erfolg. Frankfurt am Main 2003

Christine Bauer-Jelinek

DIE GEHEIMEN SPIELREGELN DER MACHT

und die Illusionen
der Gutmenschen

**Schluss mit Ohnmachts-
gefühlen und Hilflosigkeit.
Werden Sie ein kompetenter
Machtgestalter!**

Bauer-Jelinek, Christine
„DIE GEHEIMEN
SPIELREGELN DER MACHT"
192 Seiten, EUR 22,00
ISBN: 978-3-902404-41-1

»*Eine brillante Analyse des Phänomens, wie es dem Neoliberalismus gelungen
ist, die einst allgemein anerkannten Werte so gründlich auszuhebeln – und
andererseits ein Ratgeber für diejenigen, die davor nicht länger die Augen
verschliessen sollten*«
Prädikat: »*Besonders wertvoll.*«

Wiener Zeitung

Die guten alten Werte existieren nicht mehr, Bescheidenheit und Understatement
haben ausgedient. Eine besonders gefährdete Spezies, die aufgrund falscher
Annahmen immer weniger erreicht und sich dabei selbst ausbeutet, sind die
Gutmenschen unserer Zeit – Idealisten, Pazifisten und allen voran die Frauen.
Wer seine persönlichen Ziele durchsetzen will, muss sich für Machtinstrumente
entscheiden, die heute wirksam sind. Durchsetzungsfähigkeit, taktisches und
strategisches Denken gehören heute zur Grundausstattung der Kommunikation. Wer seine Ziele durchsetzen will, muss sich für Machtinstrumente entscheiden, die heute wirksam sind. Stellen Sie sich der Realität und werden Sie
ein kompetenter Machtgestalter!

**Bestellt. Verkauft.
Ausgebeutet.**

Kreutzer, Mary /
Milborn, Corinna
„WARE FRAU"
Vorwort von Inge Bell
240 Seiten, EUR 19,95
ISBN: 978-3-902404-57-2

**Nur wer gelernt hat,
zuzuhören, kann auch
kommunizieren.**

Brandstätter, Helmut
„HÖR. MIR. ZU."
192 Seiten, EUR 22,00
ISBN: 978-3-902404-52-7

**Sparen Sie die Hälfte
Ihrer Energie und wirken
Sie doppelt so gut!**

Schäfer-Elmayer, Thomas
„DER BUSINESS
ELMAYER"
336 Seiten, EUR 23,60
ISBN: 978-3-902404-42-8

Das tägliche Zähneputzen
für die Seele.

Stelzig, Manfred
„KEINE ANGST VOR
DEM GLÜCK"
176 Seiten, EUR 19,95
ISBN: 978-3-902404-56-5

Was unterscheidet Men-
schen, die an ihren Ver-
letzungen zerbrechen,
von jenen, die sogar
daran wachsen?

Salcher, Andreas
„DER VERLETZTE
MENSCH"
284 Seiten, EUR 19,95
ISBN: 978-3-902404-69-5

Der Kapitalismus
wurde zur Wirtschafts-
religion und führt
unweigerlich in die
Krise.

Barazon, Ronald
„KAMPF DEM
KAPITALISMUS"
224 Seiten, EUR 22,00
ISBN: 978-3-902404-30-5

Glücklich sein
als Unterrichtsfach.

Stelzig, Manfred
„WAS DIE SEELE
GLÜCKLICH MACHT"
216 Seiten, EUR 19,95
ISBN: 978-3-902404-58-9

Spannender Einblick in
eine geheimnisvolle
Welt aus erster Hand!

Kraus, Michael (Hg.)
„DIE FREIMAURER"
200 Seiten, EUR 22,00
ISBN: 978-3-902404-40-4

Spannend.